La vida de Lazarillo de Tormes y de sus fortunas y adversidades

European Masterpieces
Cervantes & Co. Spanish Classics Nº 2

General Editor:
Tom Lathrop
University of Delaware

La vida de Lazarillo de Tormes y de sus fortunas y adversidades

Edited and with notes by
ANNETTE GRANT CASH
and
JAMES C. MURRAY
Georgia State University

Drawings by
HAL BARNELL

Cervantes & Co. Spanish Classics #2

European Masterpieces
An imprint of LinguaText, LLC.
103 Walker Way
Newark, Delaware 19711-6119 USA
(302) 453-8695
Fax: (302) 453-8601

www.CervantesandCo.com

MANUFACTURED IN THE UNITED STATES OF AMERICA

ISBN: 978-1-58977-002-7

Introduction to Students

La vida de Lazarillo de Tormes y de sus fortunas y adversidades was printed four times (that we know of) in 1554—Burgos, Alcalá de Henares, Antwerp (Belgium), and a newly discovered edition printed in Medina del Campo. The four editions are not identical—those of Burgos, Antwerp, and Medina del Campo are very similar while the Alcalá text contains several interpolations that most scholars agree do not add to the artistic merit of the work.

There is only *one* remaining copy in the world of the Alcalá, Burgos, and Medina del Campo editions, and six remain of the Antwerp edition. This attests to the work's enormous popularity. The books were read so much that—except for those nine copies— they eventually disintegrated. The discovery of the Medina del Campo edition—found in a box with other books sealed in a wall of an ancient house in western Spain that was being remodeled—makes us wonder if there are yet other lost editions from 1554.

This marvelous little book is the precursor of the picaresque novel of Spain's Golden Age. The characteristics of this unique genre of the novel are that its hero, the *pícaro,* is really an anti–hero—that is, he is not noble, rich, strong, idealistic, nor honorable like the knights in the very popular romances of chivalry, but rather poor, of the lowest classes, weak, and totally dedicated to his own survival by whatever means are at his disposal. Often these means are deceits that he practices on others. Another feature of this genre is its episodic nature consisting of a series of adventures in the service of several masters representing different classes and professions. The anti–hero tells us his life's story in a first person narrative and in so doing comments on the social ambiance in which he lives. It is not a pretty picture, although it is frequently amusing. We see sleaziness, coarseness, hypocrisy, corruption, poverty and a total lack of social responsibility. The observations are the anti–hero's view and represent his opinions and prejudices. Spain at that time was quite impoverished, since all of the wealth of the New World passed through the country on its way to support Charles V's (1516-1556) and his son Phillip II's (1556-1598) efforts to establish a Catholic empire.

Examples of the picaresque genre in Spain include Mateo Alemán's *Guzmán de Alfarache* (Part I, 1599 and Part II, 1604), *La pícara Justina* by Francisco López de Úbeda (1605) and *El Buscón* (1626) by Francisco de Quevedo.

Our *Lazarillo* does not share all of the characteristics of those picaresque novels, especially the elements of criminality and unprovoked maliciousness which are typical of the genre. Lázaro uses deception to survive and maliciousness only as a response to his victimization. Most scholars characterize *Lazarillo* as the precursor of the picaresque novel in Spain or as a model on which to develop the genre.

The novel takes the form of a letter to a certain *Vuestra Merced,* who seems to be charged with the investigation of questionable behavior of the Arcipreste de San Salvador and Lázaro's wife, who is, and continues to be, the *arcipreste*'s "maid." Lázaro begins his account telling of his birth, his parentage and early years. His first master, a blind man, asks his mother for him to be his guide when Lázaro is about ten years old, and the story progresses from there until the last *tratado* [chapter] when Lázaro is a man. In between, Lázaro serves a priest in the town of Maqueda, a squire, a friar of the Order of Mercy, a seller of papal indulgences, and an artist who painted tambourines. He works as a waterseller for a priest, serves a constable and finally becomes a town crier, a civil servant who announces wines for sale, auctions, lost property and the crimes of criminals whom he accompanies in their public chastisement. In his capacity as town crier, he is noticed by the Arcipreste of San Salvador because he sold his wines so successfully, and continues to receive from him special favors. Lázaro's life with the blind man, the priest of Maqueda and the squire was totally consumed by his efforts to obtain enough food to eat in order to survive. The theme of hunger does not dominate his life with his remaining masters and finally he feels that he has achieved material and social success by becoming a civil servant. Due to the anti-clerical satire dealing with the priest of Maqueda, the friar of the Order of Mercy and the seller of papal indulgences, this book was included in the 1559 *Catalog of Prohibited Books [Cathalogus librorum qui prohibentur]* issued by the Grand Inquisitor Fernando de Valdés. An expurgated version (*Lazarillo de Tormes castigado [Lazarillo de Tormes Expurgated]*, excluding *tratados* IV and V and some sentences from *tratado* II, appeared in 1573 edited by Juan López de Velasco.

It is most unusual that the author of *Lazarillo* has still not been identified after almost five centuries. Many scholars have proffered several possibilities, but there is no consensus. Some of the names suggested are: Fray Juan de Ortega, Diego Hurtado de Mendoza, Lope de Rueda, Sebastián de Horozco, Hernán Núñez, Pedro de Rhúa, and Juan and Alfonso Valdés. Apparently the author wished to hide his identity and he has been successful. However, information about the author's background and training can be obtained by evidence within the work, with its references to classical literature, mythology, folklore, both European and Spanish, humanistic thought and marvelous narrative technique. The author was a formidable observer of life, a satirist, and a master of understatement.

We are not giving you a critical evaluation of Lázaro's life—you can interpret it by carefully reading the text with its several layers of meaning, irony, satire, and plays on words. Our glosses are to enable you to read the text easily. The footnotes are references to historical, geographical and socio-political conditions of the time, as well as translations of phrases that were too long for marginal glosses. We include a glossary at the end of the book to further facilitate your reading and comprehension of the text.

Language Notes

The Spanish used in *Lazarillo* is almost modern but there are a few lexical and grammatical items that we want to mention so that you will not be confused when they appear in the text.

Some archaic forms really just amount to spelling variations of what we have today:

Yo, aunque bien **mochacho [muchacho]** (I) *I, although just a boy*

Yo simplemente llegué, creyendo ser **ansí [así]** (I) *I in all simplicity came up to it, believing it to be so*

Si con mi **sotileza [sutileza]** y buenas mañas (I) *If with my subtlety and clever tricks*

Agora [ahora] tenía tiempo de tomar de mi venganza (I) *I had time enough to get my revenge.*

Con ser la **mesma [misma]** avaricia (II) *Since he was avarice itself*

Esto fue el **mesmo [mismo]** año que nuestro victorioso emperador en esta insigne ciudad de Toledo entró (VII) *This was the same year that our victorious emperor entered this illustrious city of Toledo.*

¿Qué será sino **fenescer [fenecer]?** (II) *What will happen is that I die.*

A **tercero [tercer]** día hacíamos San Juan (I) *By the third day we would leave.*

Y todo va desta manera: que confesando yo no ser más **sancto [santo]** que mis vecinos...(P) *And everything works like this and since I am no holier than my neighbors*

y que le rogaba me **tractase [tratase]** bien (I) *And she begged him to treat me well*

A cuánto se **estendía [extendía]**el ingenio deste astuto ciego (I) *How great was the ingeniousness of this astute blind man*

Most of the time an initial **f-** disappears in modern Spanish before a single vowel, but the modern language keeps the **f-** in **falda**, however not in *Lazarillo*:

se hacía servir de la **halda [falda]** del sayo (III) *He made use of the edge of his coat*

Some verb forms seen in *Lazarillo* are genuinely archaic, but not difficult to interpret:

Porque no se **veen [ven]** a sí mismos (I) *Because they don't see themselves*

Y esto, para que ninguna cosa se **debría [debería]** romper (P) *And this so that nothing should be destroyed*

Pluguiera [placiera] a Dios que me demediara (II) *May God help me*

de que vi que no **veniste [viniste]** (III) *Since I saw that you had not arrived*

Some other words have fallen into disuse and these you might have to look up when you come to them:

La cual él tenía **luenga [longa]** y afilada (I) *Which[his nose] he had long and pointed*

Y con la **priesa [prisa]** que llevábamos de salir del agua (I) *And with the haste we had to get out of the rain*

...ha venido **aquesta [esta]** noche por nuestro pan. (II) *has come tonight for our bread*

In the older language, contractions of all kinds were much more common than they are today. They are easy to figure out, as these examples show:

Determinó arrimarse a los buenos por ser uno **dellos [de ellos]** (I) *She decided to stick close to good people in order to be one of them*
Huía **dél [de él]** con miedo para mi madre... (I) *In fear, I fled from him to my mother*
Allende **desto [de esto]**, tenía otras mil formas y maneras para sacar el dinero. (I) *Besides this, he had a thousand other ways and means to get money*
Haréis **estotro [este otro]** (I) you will do this
Sacáronme **dentre [de entre]** sus manos (I) *They rescued me from his clutches*
Un día **quel [que el]** cuitado, ruin y lacerado de mi amo (II) *One day that my miserable, vile, wretched master*
¿**Qués [qué es]** eso mozo? (III) *What is that, boy?*

Rl>ll

Parecióme no **tomalle [tomarle]** por el medio (P) *It seemed to me [better] not to start in the middle*

Articles

Nowadays, the feminine definite article **el** is used before nouns that begin with a stressed **(h)a-**. In *Lazarillo* this was not necessarily the case:

...que me era luz **la** hambre (II) *hunger enlightened me*

Since the –**a** that ended **una** merged in speech with the following –**a**, it was sometimes lost in writing as well:

Con **un** agujeta del paletoque (II) *With a leather string [hanging] from his cassock*

Conjunctions

Para que was sometimes used without subjunctive:

Y esto, **para que** ninguna cosa **se debría** romper (P) *And this so that nothing should be destroyed*

A que meant **para que** and was also used without the subjunctive:

Traía pan,... y en el invierno leños **a que nos calentábamos** (I) *And he brought bread and in the winter firewood to warm us*

Omitted *que*

Y cierra la puerta con llave [**que**] no nos hurten algo (III) *And he locked the door so that no one would rob us*

Porque also meant **para que** and a subjunctive followed:

Porque se tenga entera noticia de mi persona; (P) *So that you may have a complete account of me*

Porque si yo **viniere** en tanto pueda entrar (III) *So that if I came in the meantime, I could enter*

Pronouns

Object pronouns were attached to conjugated verbs:

Tomóle el parto y **parióme** allí (I) *Her time came and she gave birth to me there*

Y **probósele** cuanto digo, y aun más. (I) *And they proved [against] him all that I said and even more*
Hanme dado esto que veis (III) *They have given me this that you see*

Object pronouns were also attached to past participles:

[había] **comídose** las pringadas (I) *He had eaten up the drippings*

Since the consonant cluster **–dl-** was infrequent and hard to pronounce, the sounds were reversed in commands:

Castigaldo, castigaldo, que de Dios lo habréis. (I) *Punish him, punish, God will reward you*

Finally, some pronouns appear in positions where modern speakers would not use them:

Criado te he (I) *I have brought you up*
Hacía sinjusticia en no **se las reír** (I) *It would be unfair not to laugh at them*

Verb forms
Imperfect:

Como el niño **vía [=veía]** (I) *When the child saw*

Preterite:

...**trujo [=trajo]** a mi memoria un pequeño remedio (II) *brought to my memory a small remedy*

Future:

> **Partillo [= partirlo] hemos** desta manera: (I) *We will divide it this way*

Conditional:

> **Reílle [= reírle] hía** mucho sus donaires y costumbres (III) *I laughed alot a his witty remarks and mannerisms*
>
> noche y día estaba pensando la manera que **ternía [=tendría]**en sustentar el vivir. (II) *Night and day I kept thinking about how I would survive*

It was very common to use the past subjuntive for the conditional since this latter tense was not fully devolped when *Lazarillo* was written:

> Y a abajar otro punto, **no sonara** Lázaro ni **se oyera** en el mundo (II) *And if I went any lower, [this] Lazaro would not be heard from or seen ever again*

The future subjunctive,[1] soon to fade away, was fully developed, and was used after conjunctions where the present subjunctive is used today:

> pues podría ser que alguno que las lea halle algo que le agrade y, a los que no **ahondaren** tanto,...(P) *Since it is possible that someone who reads it may find something in it that may please him if he doesn't delve too deeply*

---

[1] The future subjunctive is easy to recognize and conjugate. It just substitutes **-re-** for **-ra-** in the past subjunctive forms: **fuéramos > fuéremos.**

Tú, vos, and **vuestra merced**

Tú was, and is, the form used by parents with children, and masters to servants. Lazarillo's mother uses this form with him, as his masters naturally do.

Vos was a singular verb form, not as familiar as **tú** and not as formal as **vuestra merced** (which will be discussed in a moment). It looks like the modern **vosotros** form in most tenses, but in the command, it is nothing more than the infinitive without the **–r**, and with an accent on the last vowel:

> **Mirá,** ¿quién pensara de un muchacho tan pequeño tal ruindad (I) *Look, who would expect such wickedness from such a small boy*
>
> **¡Olé, olé!** Le dije yo (I) *Smell it, smell it, I said to him*

Here are some quotations using the **vos** form, where the speaker is clearly referring to a single individual:

> En mí **teníades** bien que hacer, y no **haríades** poco si me **remediásedes** (II) For *me you would have plenty to do and you would do a lot if you helped me*
>
> ¿No **errábades** en quitárselo primero? (III) *Did you not make a mistake in not taking it [hat] off first*

Notice that the old **–d-** is still present in these forms. It was later lost, and where there was **–ae-** or **–ee-**, in the modern **vosotros** form, they simplified to **–ai-** and **–ei-** [**teníais, remediaseis**].

Vuestra merced, *your grace,* was the really formal *you* that Lazarillo would use with his masters when speaking directly to them. Under his breath he'll use **vos** when speaking to them when he didn't want them to hear. He always uses **vuestra merced** with the person to whom he directs his book.[2]

Suplico a **vuestra merced** reciba (P) *I beg your grace to receive*

Haber was sometimes used instead of **tener**:

no me pesará que **hayan** parte (P) *It would not worry me that they have a share [in it]*
como aquel que lo **había** gana (III) *as someone who felt like it*
Y **habíale** miedo (I) *I was afraid of him*

Now that you have finished this little introduction to the literary situation and language oddities of *Lazarillo*, we feel that you're ready to plunge in and enjoy this delightful work.

AGC and JCM
Atlanta, Georgia
April, 2002

---

[2] In an extremely eroded form, this expression has given the modern **usted** (and that's why it's sometimes abbreviated **Vd.**).

La vida de Lazarillo de
Tormes/ y de sus fortunas: y
aduersidades. Nueuamente impressa,
corregida, y de nueuo añadi-
da en esta segũda im-
pression.

Vendense en Alcala de Henares, en
casa d Salzedo Librero. Año
de. M. D. LIIII

Alcalá de Henares, 1554

LA VIDA DE
LAZARILLO DE
Tormes, y de ſus for-
tunas y aduer-
ſidades.

EN ANVERS,
En caſa de Martin Nucio.
1554.
Con Preuilegio Imperial.

Antwerp, 1554

¶ La vida de Lazarillo
de Tormes: y de sus
fortunas y aduer
sidades.

1554

Burgos, 1554

La vida de
Lazarillo d Tormes:
y de ſus fortunas
y aduerſida-
des.
M. D. liiij.

Medina del Campo, 1554

Prólogo

YO POR BIEN tengo que cosas tan señaladas,[1] y 'por ventura° nunca oídas ni vistas,[2] vengan a noticia de muchos y no 'se entierren° en la sepultura del olvido,° pues podría ser que alguno que las lea halle° algo que le agrade,° y a los que no ahondaren° tanto, los deleite.°[3]

Y a este propósito dice Plinio que no hay libro, por malo que sea, que no tenga alguna cosa buena.[4] Mayormente° que los gustos no son todos unos;° mas° lo que uno no come, otro 'se pierde por ello.° Y así vemos cosas 'tenidas en poco° de algunos, que de otros no lo son. Y esto, para que ninguna cosa se debría° romper ni 'echar a mal,° si muy detestable no fuese, 'sino que° a todos se comunicase, mayormente siendo sin perjuicio° y pudiendo sacar della algún fructo.°

Porque si así no fuese, muy pocos escribirían para 'uno solo,° pues no se hace sin trabajo. Y quieren, ya que 'lo pasan,° ser recompensados, no con dineros, mas con que vean y lean sus obras y, 'si hay de qué,° se las alaben.° Y a este propósito dice Tulio: "La honra cría las artes."[5]

perhaps
are buried
oblivion
finds, pleases
investigate, delights
especially
the same, but
is crazy about it,
considered of little worth; *debería,*
discard; rather
harm, benefit
oneself
they do it
if there's a reason,
praise

[1] **Señaladas**: *remarkable.* In view of the whole work, also may have the meanings *commented on* or *criticized*, see Rico, p. 3 note 2.

[2] A rhetorical device found in Horace, a Latin poet (65-8 B.C.), in his *Carmina* III, 1, 2-4.

[3] **Deleitar enseñando**: *to entertain while teaching,* is a concept derived from Horace's *Ars poetica* v. 333.

[4] Pliny the Younger (*ca.* 61–*ca.* 113)in his *Epistles* III, v, 10, mentions this, which he attributes to his uncle, Pliny the Elder.

[5] Marcus *Tullius* Cicero (106-43 B.C.), Latin author. *Tusculanas* I, 2, 4: "Honos alit artes..."

¿Quién piensa que el soldado que es primero del escala tiene más aborrecido el vivir?[6] 'No por cierto;° mas el deseo de alabanza° le hace ponerse al peligro; y así en las artes y letras es lo mismo. Predica° muy bien el presentado,° y es hombre que desea mucho el provecho° de las ánimas;° mas pregunten 'a su merced° si le pesa cuando le dicen: "¡Oh, qué maravillosamente lo ha hecho vuestra reverencia!" 'Justó muy ruinmente° el señor don Fulano,° y dio el sayete de armas[7] al truhán° porque le loaba de haber llevado muy buenas lanzas.[8] ¿Qué hiciera° si fuera verdad?

Y todo va desta manera; que, confesando yo no ser más sancto que mis vecinos, desta nonada,° que en este grosero° estilo escribo, no me pesará que hayan parte y 'se huelguen con° ello todos los que en ella algún gusto hallaren, y vean que vive un hombre con tantas fortunas,° peligros y adversidades.

Suplico a vuestra merced[9] reciba el pobre servicio° de mano de quien lo hiciera 'más rico,° si su poder y deseo se conformaran. Y pues° vuestra merced escribe se le escriba y relate el caso muy por extenso,[10] parecióme no tomalle° por el medio, sino del principio, porque° se tenga 'entera noticia° de mi persona; y también porque consideren los que[11] heredaron nobles estados cuán poco se les debe,[12] pues fortuna fue con ellos parcial, y cuánto más hicieron los que,[13] siéndoles contraria,[14] con fuerza y maña° remando° salieron° a buen puerto.

Marginal glosses: Surely not; praise; preaches, student; cleric; good, souls; i.e., *a él*; jousted very badly, So-and-so; jester; *haría*; trifle, crude; enjoy; *mis*fortunes; i. e., this book; better; since; begin it; *para que,* the whole story; cunning, rowing, arrived

[6] **¿Quién piensa...** *Who thinks that a soldier on the front line considers his life more abhorrent?*

[7] This *sayete de armas* **knight's doublet** is the prize given to the winner of the joust.

[8] **Porque...** *because they prasied him for having given very good lance blows.*

[9] This **your grace** (= `you') is the person to whom this work is directed.

[10] **Se le escriba...** *write that I should write you about the affair completely*

[11] The subject of **consideren** is **los que**.

[12] **Cuán poco...** *however little to their credit*

[13] The subject of **hicieron is los que**.

[14] The subject of **siéndoles** is **fortuna**.

Tractado Primero: Cuenta Lázaro su vida, y cúyo° hijo fue

whose

PUES, SEPA VUESTRA merced ante
5 todas cosas que a mí llaman Lázaro de Tormes, hijo de Tomé González y de Antona Pérez, naturales° de Tejares, 'aldea de° Salamanca. Mi nacimiento° fue dentro del río Tor-
10 mes, por la cual causa tomé el sobrenombre,° y fue desta manera. Mi padre, que Dios perdone, tenía cargo° de proveer° una molienda° de una aceña° que está 'ribera de° aquel
15 río, en la cual fue molinero° más de quince años. Y estando mi madre una noche en la aceña, preñada° de mí, tomóle el parto y parióme allí.[1] De manera que con verdad me puedo decir nacido en el río.

natives; village near; birth; last name; job, tending, grinding; watermill, on the banks of, miller; pregnant

Pues siendo yo niño de ocho años, achacaron° a mi padre
20 ciertas sangrías° mal hechas en los costales° de los que allí a moler venían, por lo cual fue preso, y confesó y no negó, y padeció persecución por° justicia. Espero en Dios que está en la gloria, pues el Evangelio los llama bienaventurados.[2] En este tiempo se hizo cierta armada° contra moros,° entre los cuales
25 fue mi padre, que a la sazón° estaba desterrado° por el desastre ya dicho, 'con cargo de acemilero°de un caballero que allá fue. Y con su señor, como leal criado, feneció° su vida.

they accused; thefts, bags of grain; for the sake of; naval expedition, Moors; time, exiled; as a muleteer; ended

[1] **Tomóle...** *her time came and she gave birth to me there*

[2] These sentences contain parodies of verses from the Gospels of John 1:20 and Matthew 5:10 (and he suffered persecution for righteousness' sake).

Mi viuda° madre, como sin marido y sin abrigo° se viese, determinó arrimarse a los buenos por ser uno dellos,[3] y vínose a vivir a la ciudad y alquiló una casilla, y metióse a guisar de comer[4] a ciertos estudiantes, y lavaba la ropa a ciertos mozos de caballos del Comendador de la Magdalena,[5] de manera que fue frecuentando las caballerizas.° Ella y un hombre moreno,° de aquellos que las bestias curaban,° vinieron en conocimiento.[6] Éste algunas veces se venía a nuestra casa y se iba a la mañana. Otras veces de día llegaba a la puerta, 'en achaque de° comprar huevos, y entrábase en casa.

widowed, protection; stables; i.e., black, took care of; on the pretext of

Yo, al principio de su entrada, 'pesábame con él° y 'habíale° miedo, viendo el color y 'mal gesto° que tenía. Mas 'de que° vi que con su venida mejoraba el comer, fuile queriendo bien, porque siempre traía pan, pedazos de carne y en el invierno leños,° a que 'nos calentábamos.°

I disliked him; *le tenía*, ugly face; ***desde que***; firewood, we got warm

De manera que continuando la posada° y conversación,° mi madre vino a darme un negrito muy bonito, el cual yo brincaba° y ayudaba a calentar. Y acuérdome que estando el negro de mi padrastro° trebejando° con el mozuelo,° como el niño vía° a mi madre y a mí blancos y a él no, huía dél con miedo para mi madre y, señalando con el dedo, decía: "¡Madre, coco°!"

lodging, intimate relations; bounced on my knee; stepfather, playing, baby; ***veía***; bogey-man

Respondió él riendo: "¡Hideputa°!"

rascal

Yo, aunque bien mochacho, noté aquella palabra de mi hermanico, y dije 'entre mí:° "¡Cuántos debe de haber en el mundo que huyen de otros, porque no se veen a sí mismos!"

to myself

Quiso nuestra fortuna° que la conversación del Zaide,° que así se llamaba, llegó a oídos° del mayordomo° y, 'hecha pesquisa,° hallóse que 'la mitad por medio de la cebada° que para las bestias le daban hurtaba;° y salvados, leña, almohazas, mandiles, y las mantas y sábanas[7] de los caballos

luck, Sir *in Arabic*; ears, steward; after investigation, half the barley; he stole

[3] **Arrimarse...** is a proverb roughly meaning *"Stick close to the good people to be like them."*

[4] **Metióse...** *began to do the cooking for*

[5] **Comendador** is a knight in a religious-military order and Magdalena is a parish in Salamanca.

[6] **Vinieron...** *became acquainted* (and were sex partners)

[7] **Salvados...** *bran, firewood, currycombs, saddle pads, blankets and covers*

'hacía perdidas.° Y cuando otra cosa no tenía, las bestias desherraba,[8] y con todo esto acudía° a mi madre para criar a mi hermanico. No nos maravillemos de un clérigo, ni de un fraile, porque el uno hurta de los pobres, y el otro de casa° para sus devotas,[9] y 'para ayuda de otro tanto,° cuando a un pobre esclavo el amor le animaba a esto.

Y probósele° cuanto digo, y aun más. Porque a mí con amenazas° me preguntaban, y como niño respondía, y 'descubría cuanto° sabía con miedo, hasta ciertas herraduras° que 'por mandado de° mi madre a un herrero° vendí. Al triste de mi padrastro azotaron y pringaron, y a mi madre pusieron pena por justicia, sobre el acostumbrado centenario, que en casa del sobredicho Comendador no entrase,[10] ni al lastimado° Zaide en la suya acogiese.°

Por no echar la soga tras el caldero,[11] la triste 'se esforzó° y cumplió la sentencia. Y por evitar peligro y 'quitarse de° 'malas lenguas,° se fue a servir a los que al presente vivían en el mesón° de la Solana. Y allí, padeciendo mil importunidades,° se acabó de criar mi hermanico hasta que supo° andar, y a mí hasta ser buen mozuelo, que iba a los huéspedes por vino y candelas, y por 'lo demás° que me mandaban.

En este tiempo vino a posar° al mesón un ciego,° el cual, pareciéndole que yo sería° para adestralle,° me pidió a mi madre, y ella me encomendó° a él, diciéndole como era hijo de un

pretended were lost
helped
i.e., monastery
for the aid of another
he was found guilty
threats
I revealed all, horse shoes; sent by,
blacksmith
pitiful, let in
gritted her teeth
escape from
gossip
inn
annoyances, could
everything else
stay
blind man
i.e., *sería* ***bueno***,
guide him
entrusted

[8] **Cuando...** *when he had nothing else, he unshod the animals*

[9] **Devotas** has two meanings: the devout women and the women to whom the friar is devoted

[10] **Azotaron...** *they whipped and basted him with hot lard, and, on top of the customary hundred lashes, they forebade my mother from going into the house of the aforementioned* Comendador

[11] **Por...** a proverb equivalent to *"Not to make matters worse."*

buen hombre, el cual por ensalzar° la fe había muerto en la° de los Gelves,[12] y que ella confiaba en Dios no saldría peor hombre que mi padre, y que le rogaba me tractase° bien y mirase por mí, pues era huérfano.° El respondió que así lo haría, y que me recibía no por mozo° sino por hijo. Y así le comencé a servir y adestrar a mi nuevo y viejo amo.[13]

Como° estuvimos en Salamanca algunos días, pareciéndole a mi amo que no era° la ganancia° a su contento, determinó irse de allí. Y cuando 'nos hubimos de partir,° yo fui a ver a mi madre y, ambos llorando, me dio su bendición y dijo: "Hijo, ya sé que no te veré más. 'Procura de° ser bueno, y Dios te guíe. 'Criado te he° y con buen amo te he puesto; 'válete por ti.°"

Y así me fui para mi amo, que esperándome estaba.

Salimos de Salamanca y, llegando a la puente,° está° a la entrada della un animal de piedra, que casi tiene forma de toro, y el ciego mandóme que llegase° cerca del animal. Y allí puesto, me dijo: "Lázaro, llega° el oído a este toro, y oirás gran ruido dentro dél."

Yo simplemente° llegué, creyendo ser ansí. Y como sintió que tenía la cabeza 'par de° la piedra, 'afirmó recio° la mano y diome una gran calabazada° en el diablo del toro, que más de tres días me duró el dolor de la cornada,° y díjome: "Necio,° aprende que el mozo del ciego un 'punto ha de saber más que° el diablo."

Y rió mucho la burla.°

Parecióme que en aquel instante desperté de la simpleza en que como niño 'dormido estaba.° Dije entre mí: "Verdad dice éste, que me cumple avivar el ojo y avisar,[14] pues solo soy, y pensar cómo me sepa valer.°"

Comenzamos nuestro camino, y en muy pocos días me mostró jerigonza° y, como me viese de buen ingenio,° 'holgábase mucho ° y decía: "Yo oro ni plata no te lo puedo dar, mas

exalt, i.e., *la* ***batalla***
tratase
orphan
servant
since
había, income
we were about to leave
try to
te he criado
look out for yourself
bridge, ***hay***
approach
put
naïvely
close to, firmly steadied; head
bash; goring
dummy
has to be one step ahead of; prank
estaba dormido,
to take care of myself
jargon, mind
he was very pleased

[12] Gelves (Djerba in English) is an island off the coast of Tunisia to which a Spanish expedition was sent in 1510.

[13] Note the play on words with **nuevo** and **viejo.**

[14] **Me cumple...** *I have to keep my eyes open and be alert*

avisos, para vivir, muchos te mostraré."[15] Y fue ansí, que después de Dios, éste me dio la vida y, siendo ciego, me alumbró° y adestró en la carrera de vivir.[16]

Huelgo de contar a vuestra merced estas niñerías,° para mostrar cuánta virtud sea saber los hombres subir siendo bajos, y dejarse bajar siendo altos cuánto vicio.[17]

Pues, tornando al bueno de mi ciego y contando sus cosas, vuestra merced sepa que, desde que Dios crió° el mundo, ninguno formó más astuto ni sagaz.° En su oficio° era un águila.° Ciento y tantas oraciones sabía 'de coro.° Un tono bajo, reposado° y muy sonable,° que hacía resonar ° la iglesia donde rezaba, un rostro humilde y devoto, que con muy buen continente° ponía cuando rezaba, sin hacer gestos° ni visajes° con boca ni ojos, como otros suelen° hacer. 'Allende desto,° tenía otras mil formas y maneras para sacar° el dinero. Decía saber oraciones para muchos y diversos efectos: para mujeres que no parían, para las que estaban de parto,[18] para las que eran 'mal casadas° que sus maridos las quisiesen° bien. Echaba pronósticos a las preñadas, si traían hijo o hija.[19] Pues en caso de medicina, decía que Galeno[20] no supo la mitad que él para muelas, desmayos, males de madre.[21] Finalmente, nadie le decía padecer° alguna pasión°, que luego ° no le decía: "Haced esto, haréis estotro, coged° tal hierba, tomad tal raíz.°"

enlightened
trifles
creó = created
wise, profession, eagle; by heart, calm, sonorous
resound
face
gestures, grimaces
usually
in addition to this
extract
unhappily married, would love
was suffering, illness, immediately; take; root

[15] See Acts 3:6. "Then Peter said, Silver and gold have I none; but such as I have give I thee; In the name of Jesus Christ... rise up and walk."

[16] See Psalms 32:8. "I will instruct thee and teach thee in the way which thou shalt go; I will guide thee with mine eye."

[17] **Para...** *"in order to show how much virtue there is in men's knowing how to rise when they are low [i.e. of the lower classes], and how much vice in their letting themselves lower when they are high."* Hesse's note, p. 8 ll.22-24.

[18] **Para mujeres...** *for women who were infertile or were about to give birth*

[19] **Echaba....** *For pregnant women, he predicted whether they would have a boy or a girl.*

[20] Galen was a Greek physician in the second century A.D.

[21] **Para muelas...** *for toothaches, fainting spells, female problems*

Con esto andábase todo el mundo tras él, especialmente mujeres, que cuanto° les decía creían. Déstas sacaba él grandes provechos ° con las artes que digo, y ganaba más en un mes que cien ciegos en un año.

everything; benefits

5 Mas también quiero que sepa vuestra merced que, con todo lo que adquiría y tenía, jamás tan avariento° ni mezquino° hombre no vi, tanto que me mataba a mí de hambre, y así no me demediaba de lo necesario.[22] Digo verdad: si con mi sotileza° y buenas mañas° no me supiera remediar, 10 muchas veces 'me finara° de hambre. Mas con todo su saber y aviso ° le contaminaba ° de tal suerte que siempre, o las más veces, me cabía lo más y mejor.[23] Para esto le hacía burlas endiabladas,° de las cuales contaré algunas, aunque no todas 'a mi salvo.°

greedy; miserly; deceit, tricks; I would have died; awareness, I harmed him; devilish; to my advantage

15 Él traía el pan y todas las otras cosas en un 'fardel de lienzo° que por la boca se cerraba con una argolla de hierro y su candado y llave;[24] y al meter de las cosas y sacallas, era con tanta vigilancia y 'tan por contadero° que no bastara todo el mundo hacerle menos una migaja.[25] Mas yo tomaba 20 aquella laceria° que él me daba, la cual en menos de dos bocados era despachada.[26]

canvas sack; such careful counting; pittance

Después que cerraba el candado y 'se descuidaba,° pensando que yo estaba entendiendo° en otras cosas. Por un poco de costura,° que muchas veces del° un lado del fardel 25 'descosía y tornaba a coser,° sangraba° el avariento fardel, sacando 'no por tasa° pan, mas buenos pedazos, torreznos° y longaniza.° Y ansí buscaba conveniente tiempo para rehacer, no la chaza, sino la endiablada falta que el mal ciego me faltaba.[27]

he wasn't paying attention; involved; sewing, **de**; I unsewed and resewed, I bled; not sparingly, slices of bacon; sausage

[22] **No me...** *he didn't supply me with the bare necessities*

[23] **Las más...** *most of the time I got the most and the best*

[24] **Una argolla...** *an iron ring with its lock and key*

[25] **Que...migaja**. *So that no one could steal a crumb from him.*

[26] **En menos...** *was swallowed in less then two bites*

[27] **Rehacer...** *"to make good not the point but the devilish want which the wicked blind man caused me to suffer,"* Hesse, p. 10, l. 2. Rico (p. 29. n. 65) notes a great deal of wordplay having to do with the ballgames and the terminology to **rehacer la chaza** meaning to replay the point and **falta** which is an error in the game. All this means that Lázaro has unsewn and resewn seams in the the sack to take out bread (**su falta**) and make the sack whole again.

Todo lo que podía sisar° y hurtar,° traía en medias blancas.° Y cuando le mandaban rezar y le daban blancas, como él carecía° de vista, no había el que se la daba amagado con ella, cuando yo la tenía lanzada en la boca y la media aparejada; que por presto que él echaba la mano, ya iba de mi cambio aniquilada en la mitad del justo precio.[28] Quejábaseme el mal ciego, porque 'al tiento° luego conocía y sentía que no era blanca entera, y decía: "¿Qué diablo es esto, que 'después que° conmigo estás, no me dan sino medias blancas, y de antes una blanca y un maravedí° hartas° veces me pagaban? En ti debe estar esta desdicha.°"

También él abreviaba el rezar° y la mitad de la oración no acababa, porque me tenía mandado que, en yéndose el que la mandaba rezar,[29] le tirase 'por cabo del capuz.° Yo así lo hacía. Luego él tornaba a dar voces, diciendo: "¿Mandan rezar 'tal y tal° oración?" como suelen decir.

Usaba poner cabe° sí un jarrillo° de vino cuando comíamos, y yo muy 'de presto le asía° y daba un par de besos callados° y tornábale a su lugar. Mas duróme° poco, que en los tragos° conocía la falta y, por reservar su vino 'a salvo,° nunca después desamparaba° el jarro, antes° lo tenía por el asa° asido. Mas no había 'piedra imán° que así trajese° a sí como yo con una paja° larga de centeno° que para aquel menester° tenía hecha, la cual, metiéndola° en la boca del jarro, chupando el vino lo dejaba a buenas noches.[30] Mas, como fuese el traidor tan astuto, pienso que me sintió y dende en adelante mudó propósito y asentaba[31] su jarro entre las piernas y atapábale° con la mano, y ansí bebía seguro. Yo, como estaba hecho° al vino moría por él, y viendo que aquel remedio de la paja no me aprovechaba ni valía , acordé[32] en el suelo del jarro hacerle una 'fuentecilla y agujero sotil,° y

pilfer, steal
coins
lacked
on touching it
since
2 *blanca* coin, many
shortfall
prayer
edge of his cape
such-and-such
near, jug
quickly grabbed it
silent, lasted me
swigs, safe
left unguarded, rather; handle, magnet, would attract; straw, rye; purpose, putting it
he covered it
fond
a little drain hole

[28] **No había....** *"No sooner had the giver begun the motion of giving it [the* ***blanca****] than I had the penny introduced into my mouth and the half-penny ready, so that however soon he held out his hand, his remuneration was already reduced by my money changing to half the real value"*. See Guillén note 77 and Hesse p. 10, ll.7-9.

[29] **El que...** *the one who requested the prayer*

[30] **Chupando...** *I sucked the wine leaving it* (the jug) *empty.*

[31] **Dende en...** *from then on, he changed his plan and put*

[32] **No me...** *did me no benefit nor helped me, I resolved*

delicadamente con una muy delgada tortilla° de cera° taparlo. Y al tiempo de comer, fingiendo° haber° frío, entrábame° entre las piernas del triste ciego a calentarme en la pobrecilla lumbre° que teníamos, y 'al calor° della, luego derretida° la cera, por ser muy poca, comenzaba la fuentecilla a destilarme° en la boca, la cual yo de tal manera ponía que maldita° la gota se perdía. Cuando el pobreto° iba a beber, no hallaba nada. Espantábase, maldecíase, daba al diablo el jarro[33] y el vino, no sabiendo qué podía ser.

"No diréis, tío,° que os lo bebo yo," decía "pues no le quitáis de la mano."

Tantas vueltas y tientos dio al jarro que halló la fuente y cayó en la burla;[34] mas así lo disimuló° como si no lo hubiera sentido.

Y luego otro día, 'teniendo yo rezumando° mi jarro como solía, no pensando el daño que me estaba aparejado ° ni que el mal ciego me sentía, sentéme como solía; estando recibiendo aquellos dulces tragos, mi cara puesta hacia el cielo, un poco cerrados los ojos por mejor gustar el sabroso licor.° Sintió el desesperado° ciego que agora tenía tiempo de tomar de mí venganza y, con toda su fuerza, alzando con dos manos aquel dulce y amargo° jarro, le dejó caer sobre mi boca, ayudándose como digo con todo su poder, de manera que el pobre Lázaro, que de nada desto 'se guardaba°, antes, como otras veces, estaba descuidado° y gozoso,° verdaderamente me pareció que el cielo, con todo lo que en él hay, me había caído encima. Fue tal el golpecillo que me desatinó y sacó de sentido, y el jarrazo[35] tan grande que los pedazos dél 'se me metieron por la cara,° rompiéndomela° por muchas partes, y me quebró los dientes sin los cuales hasta hoy día me quedé.

Desde aquella hora 'quise mal° al mal ciego y, aunque me quería y regalaba° y me curaba, bien vi que 'se había holgado° del cruel castigo. Lavóme con vino las roturas,° que con los pedazos del jarro me había hecho, y sonriéndose decía: "¿Qué te parece, Lázaro? Lo que 'te enfermó te sana° y da

piece, wax
pretending, *tener*
I got
fire, with the heat
melted
pour
not a single, poor fellow
old man
pretended
I was draining
waiting
liquid
damned
bitter
was protecting himself; carefree, happy
stuck in my face
cutting me
I hated
treated me kindly
he enjoyed, cuts
made you sick
cures you

[33] **Espantábase...** *he became frightened, cursed, and damned the jug*

[34] **Tantas...** *he turned and touched the jug so much that he found the drain and caught on to the trick*

[35] **Me desatinó...** *dazed me, knocked me senseless, and the blow with the jug*

salud," y otros donaires° que a mi gusto no lo eran. — witty remarks

Ya que estuve medio bueno de mi negra trepa y cardenales,[36] considerando que a pocos golpes tales el cruel ciego 'ahorraría de mí,° quise yo ahorrar dél; mas no lo hice tan presto por hacerlo más a mi salvo y provecho.[37] Aunque yo quisiera asentar° mi corazón y perdonalle el jarrazo, no 'daba lugar° el mal tratamiento que el mal ciego desde allí adelante me hacía, que sin causa ni razón me hería, dándome coscorrones y repelándome.[38] Y si alguno le decía° por qué me trataba tan mal, luego contaba el cuento del jarro, diciendo: "¿Pensaréis que este mi mozo es algún inocente? Pues oíd si el demonio ensayara° otra tal hazaña.°" — would be rid of me; soften; allow; asked; would undertake, deed

Santiguándose° los que lo oían, decían: "Mirá,[39] ¡quién pensara de un muchacho tan pequeño tal ruindad!°" — crossing themselves; wickedness

Y reían mucho el artificio° y decíanle: "Castigaldo,° castigaldo, que de Dios lo habréis."[40] — prank, punish him

Y él con aquello nunca otra cosa hacía.

Y 'en esto° yo siempre le llevaba° por los peores caminos, y adrede,° por le hacer mal y daño. Si había piedras, por ellas; si lodo, 'por lo más alto,° que, aunque yo no iba por 'lo más enjuto,° holgábame a mí de 'quebrar un ojo° por quebrar dos al que ninguno tenía. Con esto siempre con el cabo alto del tiento me atentaba el colodrillo,[41] el cual siempre traía° lleno de tolondrones° y pelado° de sus manos. Y aunque yo juraba° no lo hacer con malicia, sino por no hallar mejor camino, no me aprovechaba ni me creía, mas tal era el sentido y el grandísimo entendimiento del traidor. — therefore, I led; intentionally; the deepest part; the driest part, put out one eye; *yo traía*; bumps, skinned; swore

Y porque vea Vuestra Merced a cuánto se estendía el ingenio° deste astuto ciego, contaré un caso de muchos, que con él me acaecieron,° en el cual me parece 'dio bien a entender° su gran astucia. Cuando salimos de Salamanca, su motivo fue venir a tierra de Toledo, porque decía ser la gente — cleverness; happened; he revealed

[36] **Mi negra...** *my bad beating and bruises*
[37] **A mi...** *safely and advantageously*
[38] **Me hería...** *hit me, slapping me on the head and pulling my hair*
[39] **Mirá** is the **vos** command, **mirad**. See grammatical note in the Introduction.
[40] **Que de...** *God will reward you*
[41] **Con el...** *with the tip of his staff he touched the nape of my neck*

más rica, aunque no muy limosnera.° Arrimábase° a este refrán: "Más da el duro° que el desnudo.°" Y venimos a este camino por los mejores lugares. Donde hallaba buena acogida° y ganancia,° deteníamonos; donde no, a tercero día hacíamos San Juan.[42]

Acaeció que llegando a un lugar, que llaman Almorox,[43] al tiempo que cogían° las uvas, un vendimiador° le dio un racimo° dellas 'en limosna.° Y como suelen ir los 'cestos maltratados,° y también porque la uva en aquel tiempo está muy madura, desgranábasele° el racimo en la mano. Para echarlo en el fardel tornábase mosto, y lo que a él se llegaba.[44] 'Acordó de° hacer un banquete, ansí por no lo poder llevar como por contentarme, que aquel día me había dado muchos rodillazos y golpes.[45] Sentámonos en un valladar,° y dijo: "Agora quiero yo usar contigo de una liberalidad,[46] y es que ambos comamos este racimo de uvas, y que hayas dél 'tanta parte como° yo. Partillo hemos desta manera: tú picarás una vez y yo otra,[47] con tal que me prometas no tomar cada vez más de una uva. Yo haré lo mismo hasta que lo acabemos, y desta suerte no habrá engaño."

Hecho ansí el concierto,° comenzamos. Mas luego al segundo lance° el traidor 'mudó propósito,° y comenzó a tomar de dos en dos, considerando que yo debría hacer lo mismo. Como vi que él quebraba la postura,° no me contenté 'ir a la par ° con él, mas aun pasaba adelante: dos a dos y tres a tres y como podía las comía. Acabado el racimo, estuvo un poco con el escobajo° en la mano y, meneando° la cabeza, dijo: "Lázaro, engañado me has. Juraré yo a Dios que has tú comido las uvas tres a tres."

charitable, he relied
miser, poor man
welcome, income
harvested, vintner,
bunch; as alms,
baskets tossed
about; fell apart
he decided
wall
as much as
agreement
turn, changed his mind
agreement
to equal
stem, shaking

[42] **Hacíamos...** *we moved on.* This refers to the custom of ending a contract with one's servants or landlord on St. John's Day, June 24.

[43] Almorox is a village in the Northwest wine-growing region of the province of Toledo. The villages listed after Salamanca—Almorox, Torrijos, Escalona, Maqueda—are on the road from Salamanca to Toledo.

[44] **Tornábase...** *It would turn into juice and [would stain] whatever it touched*

[45] **Me había...** *he had kneed and punched me many times*

[46] **Agora...** *I want to be generous with you now*

[47] **Partillo...** *We'll divide it in this way—you'll take one, then I'll take one*

"No comí," dije yo, "mas ¿por qué sospecháis eso?"

Respondió el sagacísimo° ciego: "¿Sabes en qué veo que las comiste tres a tres? En que comía yo dos a dos y callabas."

'Reíme entre mí° y, aunque muchacho, noté mucho la discreta consideración° del ciego.

Mas, por no ser prolijo,° dejo de contar muchas cosas, así graciosas como 'de notar°, que con este mi primer amo me acaecieron; y quiero decir el despidiente° y con él acabar.

Estábamos en Escalona, villa del duque della, en un mesón, y diome un pedazo de longaniza° que le asase.° Ya que la longaniza había pringado y comídose las pringadas,[48] sacó un maravedí de la bolsa y mandó que fuese por él de vino a la taberna.[49] Púsome el demonio el aparejo° delante los ojos, el cual, como suelen decir, hace al ladrón, y fue que había cabe el fuego un nabo° pequeño, larguillo y ruinoso,° y tal que por no ser para la olla,[50] debió ser echado° allí.

Y como 'al presente° nadie estuviese sino él y yo solos, como me vi con apetito goloso,° habiéndome puesto dentro el sabroso olor de la longaniza, del cual ° solamente sabía que había de gozar, no mirando qué me podría suceder, pospuesto° todo el temor por 'cumplir con ° el deseo, en tanto que el ciego sacaba de la bolsa el dinero, saqué la longaniza y muy presto° metí el sobredicho° nabo en el asador.° El cual mi amo, dándome el dinero para el vino, tomó y comenzó a dar vueltas al fuego,[51] queriendo asar al que de ser cocido por sus deméritos° había escapado.

Yo fui por el vino, con el cual no tardé en despachar° la longaniza. Y cuando vine, hallé al pecador° del ciego que tenía entre dos rebanadas apretado el nabo,[52] al cual aun no había conocido por no lo haber tentado° con la mano. Como tomase las rebanadas y mordiese° en ellas, pensando también llevar parte de la longaniza, hallóse en frío con el

very astute
I laughed to myself
observation
wordy
noteworthy
farewell
sausage, roast
opportunity
turnip, rotten
tossed
at that moment
greedy
i.e., **el olor**
laid aside, fulfill
quickly, aforementioned; spit
defects
devouring
damned
touched
bit into

[48] **Ya que...** *Now that the sausage had dripped and he had eaten the drippings*
[49] **Mandó...** *he had me go to the tavern to get some wine for him*
[50] **Que por...** *since it wasn't fit to be cooked*
[51] **Dar vueltas...** *turn [the spit] over the fire*
[52] **Tenía...** *he had the turnip squeezed between two pieces of bread*

frío nabo,[53] alteróse° y dijo: "¿Qué es esto, Lazarillo?" — he got angry

"¡Lacerado de mí!"[54] dije yo, "¿Si queréis a mí echar algo?[55] ¿Yo no vengo de traer el vino? Alguno estaba ahí, y por burlar° haría esto." — to play a joke

5 "No, no," dijo él, "que yo no he dejado el asador de la mano; no es posible." Yo torné a jurar y perjurar[56] que estaba libre° de aquel trueco° y cambio; mas poco me aprovechó, pues a las astucias del maldito° ciego nada se le escondía. Levantóse y asióme por la cabeza y llegóse a olerme. Y como 10 debió sentir el huelgo,[57] a uso de buen podenco,° por mejor satisfacerse de la verdad, y con la gran agonía que llevaba, asiéndome con las manos, abríame la boca más de su derecho y desatentadamente metía la nariz.[58] La cual él tenía luenga y afilada,° y a aquella sazón° con el enojo se había 15 aumentado un palmo.° Con el pico de la cual me llegó a la gulilla.° Con esto y con el gran miedo que tenía, y con la brevedad del tiempo, la negra longaniza aun no había hecho asiento° en el estómago; y lo más principal, con el destiento° de la cumplidísima° nariz, medio casi ahogándome, todas 20 estas cosas se juntaron° y fueron causa que el hecho y golosina se manifestase y lo suyo fuese vuelto a su dueño.[59] De manera que antes que el mal ciego sacase de mi boca su trompa,° tal alteración° sintió mi estómago que le dio con el hurto en ella,[60] de suerte que° su nariz y la negra mal 25 mascada° longaniza a un tiempo° salieron de mi boca.

innocent, trick; cursed; hound; pointed, moment; by six inches; gullet; hadn't settled, sudden intrusion; very long; joined together; beak, upheaval; as a result; chewed, all at once

¡Oh gran Dios, quién estuviera a aquella hora sepultado que muerto ya lo estaba![61] Fue tal el coraje° del perverso ciego que, si al ruido no acudieran,° pienso no me dejara con — rage; came

[53] **Hallóse....** *He found himself left out in the cold with the cold turnip.* Note the play on words.

[54] **Lacerado de mí.** *Wretched me.* Note play on Lazarillo's name.

[55] **¿Si queráis...** *are you blaming me for something?*

[56] **Yo torné...** *I swore again and again = "I swore and perjured over and over"*

[57] **Debió...** *he must have smelled my breath*

[58] **Más de...** *wider than it should go, and unwisely stuck his nose in*

[59] **El hecho...** *fact and greed were revealed and what was his was returned to its owner*

[60] **Le dio....** *It clashed with the stolen object [i.e. the sausage] in it.*

[61] **Quién...** *Oh, that I were buried at that moment since I was already dead.*

la vida. Sacáronme dentre sus manos, dejándoselas llenas de aquellos pocos cabellos que tenía, arañada° la cara y rascuñado ° el pescuezo° y la garganta.° Y esto bien lo merecía, pues por su maldad me venían tantas persecuciones. Contaba el mal ciego a todos cuantos allí se allegaban mis desastres, y dábales cuenta 'una y otra vez ° así de la del jarro como de la del racimo, y agora de lo presente.

Era la risa de todos tan grande, que toda la gente que por la calle pasaba entraba a ver la fiesta.° Mas con tanta gracia° y donaire° contaba el ciego mis hazañas que, aunque yo estaba tan maltratado y llorando, me parecía que hacía sinjusticia[62] en no se las reír. Y en cuanto esto pasaba, a la memoria me vino una 'cobardía y flojedad° que hice 'por que° me maldecía. Y fue no dejalle sin narices,° pues tan buen tiempo tuve para ello, que la mitad del camino estaba andado.[63] Que con sólo apretar° los dientes se me quedaran en casa[64] y, 'con ser de° aquel malvado, por ventura lo retuviera° mejor mi estómago que retuvo la longaniza y, no pareciendo ellas, pudiera negar la demanda.[65] 'Pluguiera a Dios° que lo hubiera hecho, que eso fuera así que así.[66]

Hiciéronnos amigos la mesonera y los que allí estaban,[67] y, con el vino que para beber le había traído, laváronme la cara y la garganta. Sobre lo cual discantaba° el mal ciego donaires,° diciendo: "Por verdad, más vino me gasta este mozo en lavatorios° al cabo° del año que yo bebo en dos. A lo menos, Lázaro, eres 'en más cargo° al vino que a tu padre, porque él una vez te engendró, mas el vino mil° te ha dado la vida."

Y luego contaba cuántas veces me había descalabrado y arpado la cara,[68] y con vino luego sanaba.

"Yo te digo," dijo, "que, si hombre en el mundo ha de ser

scratched
scratched, neck, throat
again and again
fun, humor
wit
cowardly and mean deed; for which,
nose
clenching
since it belonged to
retained
would to God
cracked
jokes
washings, end
you owe more
mil veces

[62] **Hacía...** *I was committing an injustice*

[63] **Tan...** *I had such a good opportunity for it since half of it (nose) was already in it (throat).*

[64] **Se me...** *It would have remained in my house [mouth]*

[65] **No pareciendo....** *It (nose) not appearing, the claim could be denied.* **Negar la demanda** is a legal term.

[66] **Fuera...** *would have been a good idea*

[67] Read **La mesonera y los que estaban allí nos hicieron amigos**

[68] **Me había...** *had beaten me soundly over the head and scratched my face*

bienaventurado° con vino, que serás tú." Y reían mucho los que me lavaban con esto, aunque yo renegaba. — lucky

Mas el pronóstico° del ciego no salió mentiroso, y después acá[69] muchas veces me acuerdo de aquel hombre, que sin duda debía tener espíritu de profecía, y me pesa de los sinsabores[70] que le hice; aunque bien 'se lo pagué,° considerando lo que aquel día me dijo salirme° tan verdadero como adelante vuestra merced oirá. — prediction; I paid him back; turned out to be

Visto esto y las malas burlas que el ciego 'burlaba de° mí, determiné 'de todo en todo° dejalle, y como lo traía pensado° y 'lo tenía en voluntad,° con este postrer° juego que me hizo, afirmélo más. Y fue ansí que 'luego otro día° salimos por la villa a pedir limosna, y había llovido mucho la noche antes; y porque el día también llovía, y andaba rezando debajo de unos portales,° que en aquel pueblo había, donde no nos mojamos.[71] Mas como la noche se venía y el llover no cesaba, díjome el ciego: "Lázaro, esta agua° es muy porfiada,° y cuanto la noche más cierra, más recia. Acojámonos a la posada con tiempo."[72] — played on; once and for all, planned; I desired it, last; the very next day; arcades; i.e., rain, relentless

Para ir allá habíamos de pasar un arroyo,° que con la mucha agua, iba grande. Yo le dije: "Tío, el arroyo va muy ancho; mas, si queréis, yo veo por donde travesemos° más aína° sin nos mojar, porque se estrecha allí mucho, y saltando pasaremos 'a pie enjuto."° — stream; we can cross; quickly; with dry feet

Parecióle buen consejo y dijo: "Discreto eres, por esto te quiero bien. Llévame a ese lugar donde el arroyo se ensangosta,° que agora es invierno y 'sabe mal° el agua, y más llevar los pies mojados." — narrows, is harmful

Yo que vi el aparejo a mi deseo, saquéle debajo de los portales, y llevélo 'derecho de° un pilar o poste de piedra que en la plaza estaba, sobre el cual y sobre otros cargaban saledizos de aquellas casas,[73] y díjele: "Tío, éste es el paso — in front of

[69] **Salió...** *turned out to be a fake, and since then*

[70] **Me pesa...** *I am bothered by the annoying things*

[71] **No nos...** *we would not get wet*

[72] **La noche...** *when it gets dark, it rains harder. Let's find an inn to stay in quickly*

[73] **Sobre el cual...** *which, as others like it, held up the balconies under those houses*

más angosto que en el arroyo hay."

Como llovía recio y el triste se mojaba, y con la priesa que llevábamos de salir del agua que encima nos caía, y lo más principal, porque Dios le cegó[74] aquella hora el entendi-
5 miento, (fue por darme dél venganza), creyóse de mí, y dijo: "'Ponme bien derecho,° y salta tú el arroyo." — put me on the right spot

Yo le puse bien derecho enfrente del pilar, y doy un salto y póngome detrás del poste, como quien espera 'tope de toro,° y díjele: "¡Sus!° Saltá[75] todo lo que podáis, porque deis° — charge of the bull, come on!, land;
10 deste cabo° del agua." — side

Aun apenas lo había acabado de decir, cuando 'se abalanza° el pobre ciego como cabrón° y de toda su fuerza arremete, tomando un paso atrás de la corrida[76] para hacer mayor salto, y da con la — he charged, goat
15 cabeza en el poste, que sonó tan recio° como si 'diera con° una gran calabaza,° y cayó luego para atrás medio muer- — loud, hit [it], gourd
20 to y hendida° la cabeza. — split open

"¿Cómo,° y olistes la longaniza y no el poste? ¡Olé, olé!"[77] le dije yo. — what?

25 Y déjole en poder de mucha gente que lo había ido a socorrer.° Y tomo la puerta de la villa 'en los pies de un trote° y, antes que la noche viniese, 'di — help, on foot at a trot
30 conmigo° en Torrijos.[78] No supe más lo que Dios dél hizo, ni curé° de lo saber. — I found myself, cared

[74] **Cegó:** Note the play on words with **cegar** and the reference to the blind man.

[75] **Saltá** is another **vos** command, as is **olé** (smell!) a few lines down.

[76] **Arremete...** *he throws himself forward, taking a step back for a running start*

[77] **Olé, olé** means *smell.* It is the affirmative **vos** command and also the cheer at a bullfight. Notice that this passage contains several references to bullfighting from the expression **tope de toro** until here with **olé, olé**.

[78] Torrijos is a town about 50 kms. northwest of Toledo.

Tratado Segundo: Cómo Lázaro se asentó con un clérigo, y de las cosas que con él pasó

5 OTRO DÍA, NO pareciéndome estar allí seguro, fuime a un lugar que llaman Maqueda,[1] adonde me toparon mis pecados con[2] un clérigo que, llegando a pedir limosna, me preguntó si sabía
10 ayudar a misa.° Yo dije que sí, como era verdad, que, aunque maltratado, mil cosas buenas me mostró el pecador del ciego, y una dellas fue ésta.° Finalmente, el clérigo 'me recibió por suyo.° Escapé del trueno y di en el relámpago,[3] porque era el ciego 'para con° éste un Alejandro
15 Magno,[4] con ser la 'mesma avaricia,° como he contado. No digo más, sino que toda la laceria° del mundo estaba encerrada en éste. No sé si de su cosecha era[5] o lo había anexado con el hábito° de clerecía.

Él tenía un arcaz° viejo y cerrado con su llave, la cual
20 traía atada con un agujeta del paletoque.[6] Y en viniendo el bodigo de la iglesia,[7] por su mano era luego allí lanzado° y

mass

i.e., assisting during mass; hired me

compared to

avarice itself

miserliness

cassock

chest

put

[1] **Maqueda** is between Escalona and Torrijos. This town was populated by Jews who were reputedly decedents of the biblical town of Maceda or Maqueda (Joshua 10:10).

[2] **Me toparon...** *my sins caused me to run across*

[3] **Escapé...relámpago** Similar to *I went from the frying pan into the fire.*

[4] **Alejandro Magno** is Alexander the Great 356-323 B.C., celebrated for his generosity.

[5] **No sé...** *I don't know if it was natural to him*

[6] **Agujeta...** *leather cord attached to his cassock*

[7] **Bodigo** is holy bread offered by parishioners in memory of deceased relatives. **Y en...** translates *on returning from church with the holy bread.*

tornada a cerrar el arca.° Y en toda la casa no había ninguna cosa de comer, como suele estar en otras:° algún tocino° colgado al humero,[8] algún queso puesto en alguna tabla° o en el armario,° algún canastillo° con algunos pedazos de pan que de la mesa sobran;° que me parece a mí que, aunque dello 'no me aprovechara,° con la vista dello me consolara.°

Solamente había una horca °de cebollas, y 'tras la llave,° en una cámara en lo alto de la casa.[9] Déstas tenía yo 'de ración° una para cada cuatro días, y cuando le pedía la llave para ir por ella, si alguno estaba presente, echaba mano al falsopecto[10] y con gran continencia° la desataba y me la daba, diciendo: "Toma, y vuélvela luego, y 'no hagáis sino golosinar°," como si 'debajo della° estuvieran todas las conservas° de Valencia,[11] con no haber en la dicha° cámara, como dije, 'maldita la otra cosa que° las cebollas colgadas de un clavo.° Las cuales él tenía tan bien 'por cuenta,° que, si por malos de mis pecados me desmandara[12] a más de mi tasa°, me costara caro. Finalmente, yo 'me finaba° de hambre.

Pues ya que comigo tenía poca caridad, consigo usaba más.[13] 'Cinco blancas° de carne era su ordinario para comer y cenar. Verdad es que partía° comigo del caldo,° que de la carne ¡tan blanco el ojo![14] sino° un poco de pan, y ¡pluguiera

chest
*otras **casas***, bacon
board
cupboard, basket
are left over
I would not benefit,
I would be consoled; string, locked; as a portion
dignity
don't gorge yourself; locked inside;
preserves; aforementioned; nothing else but; nail
counted
allotment
I was dying
five **blancas** worth
shared, broth
except

[8] This is the domed opening of the hearth.

[9] **Una cámara...** *a room at the top of the house*

[10] **Echaba...** *he put his hand in his breast pocket*

[11] Valencia was known for these preserves of candied fruits and other sweets.

[12] **Si por malos...** *if owing to my sins I indulged*

[13] **Consigo usaba...** *he was more charitable with himself.*

[14] **Que...ojo** Hesse (p. 20, l. 6) translates: *As for the meat, it was all in my eye, i.e., I was left with nothing.* Note the pun on the white of the eye and the coin called a **blanca**.

a Dios que me demediara![15] Los sábados cómense en esta tierra 'cabezas de carnero,° y enviábame por una que costaba tres maravedís. Aquélla le cocía, y comía los ojos y la lengua y el cogote° y sesos° y la carne que en las quijadas° tenía, y dábame todos los huesos roídos.° Y dábamelos en el plato, diciendo: "Toma, come, triunfa,° que para ti es el mundo.[16] Mejor vida tienes que el papa.°"

sheep's heads
neck, brains, jaws
gnawed
enjoy
Pope

"Tal te la dé Dios,"[17] decía yo paso° entre mí.

softly

'A cabo de° tres semanas que estuve con él vine a tanta flaqueza, que no me podía tener en las piernas de pura hambre.[18] Vime claramente ir a la sepultura,° si Dios y mi saber° no me remediaran. Para usar de mis mañas° no tenía aparejo,° por no tener en qué dalle salto.[19] Y aunque algo hubiera, no pudiera cegalle, como hacía al que Dios perdone, si de aquella calabazada feneció.° Que todavía, aunque astuto, con faltalle aquel 'preciado sentido,° no me sentía;° mas estotro, ninguno hay que tan aguda vista° tuviese como él tenía.

after
grave
know-how, tricks
opportunity
the blind man died
precious sense,
heard; eyesight

Cuando al ofertorio° estábamos, ninguna blanca en la concha° caía que no era dél registrada.° El un ojo tenía en la gente y el otro en mis manos. Bailábanle los ojos en el casco° como si fueran de azogue.° Cuantas blancas ofrecían, tenía por cuenta. Y acabado el ofrecer,[20] luego me quitaba la concheta ° y la ponía sobre el altar.

offertory [in mass]
collection plate,
obserrved; head
mercury
collection plate

No era yo señor de asirle[21] una blanca todo el tiempo que con él viví o, por mejor decir, morí. De la taberna nunca le traje una blanca de vino; mas, aquel poco que de la ofrenda° había metido en su arcaz, compasaba de tal forma que le duraba toda la semana.[22] Y por ocultar su gran mezquindad° decíame: "Mira, mozo, los sacerdotes han de ser muy templados° en su comer y beber, y por esto yo no me desmando° como otros." Mas el lacerado° mentía falsamente,

offering
miserliness
moderate
indulge, wretch

[15] **Y pluiguiera...** *Would to God that it satisfied half my hunger.*
[16] **Para ti...** *the world is your oyster*
[17] **Tal te...** *may God grant you such [a life]*
[18] **Vine a...** *I became so weak I couldn't stand up out of sheer hunger*
[19] **Por no...** *because I had nothing to attack*
[20] **Tenía por...** *kept an account. When the offering was taken*
[21] **No era...** *I wasn't able to steal*
[22] **Compasaba...** *he measured it out so that it lasted a whole week*

porque en cofradías y mortuorios que rezamos a costa ajena,[23] comía como lobo° y bebía más que un saludador.[24] — wolf

Y porque dije de mortuorios, Dios me perdone que jamás fui enemigo de la naturaleza humana sino entonces.° Y esto era porque comíamos bien y me hartaban.[25] Deseaba y aun rogaba° a Dios que cada día matase el suyo.[26] Y cuando dábamos sacramento a los enfermos, especialmente la extrema unción, como manda el clérigo rezar a los que están allí, yo cierto no era 'el postrero de la oración,° y con todo mi corazón y buena voluntad rogaba al Señor, no que le echase a la parte que más servido fuese, como se suele decir, mas que le llevase deste mundo.[27] — at that time; I prayed; the last to pray

Y cuando 'alguno destos° escapaba (Dios me lo perdone),[28] que mil veces 'le daba al diablo.° Y el que se moría, otras tantas bendiciones llevaba de mí dichas.[29] Porque en todo el tiempo que allí estuve, que serían casi seis meses, solas veinte personas fallecieron, y éstas bien creo que las maté yo o, por mejor decir, murieron 'a mi requesta.° Porque, viendo el Señor mi rabiosa y continua muerte, pienso que 'holgaba de° matarlos por darme a mí vida. Mas de lo que al presente padecía,[30] remedio no hallaba. Que, si el día que enterrábamos yo vivía, los días que no había muerto, por quedar bien vezado de la hartura,[31] tornando a mi cotidiana° hambre, más lo sentía. De manera que en nada hallaba descanso, salvo° en la muerte, que yo también para mí como para los otros deseaba algunas veces; mas no la° vía, aunque estaba siempre en mí. — one of these; I cursed him; due to my prayer; he was pleased; daily; except; i.e., *la muerte*

Pensé muchas veces irme de aquel mezquino amo; mas

[23] **En cofradías...** *at brotherhood meetings and funerals where we prayed at someone elses's expense*

[24] **Saludador** was a quack healer who used spittle to cure and therefore needed to drink a great deal.

[25] **Me...** *they filled me up*

[26] This refers to another human being.

[27] **No que...** *Not that His will be done, as is usually said, but that He take him from this world.*

[28] **Dios...** *God forgive me*

[29] **Otras tantas...** *I said many blessings on his behalf.* ***Dichas*** refers back to ***bendiciones.***

[30] **Mas de...** *but what I was suffering from at that time*

[31] **Por quedar...** *being accustomed to plenty*

por dos cosas lo[32] dejaba. La primera, por no me atrever° a mis piernas, por temer de la flaqueza que de pura hambre me venía.[33] Y la otra, consideraba y decía, "Yo he tenido dos amos: el primero traíame muerto de hambre, y dejándole 'topé con° estotro que me tiene ya con ella° en la sepultura. Pues, si deste desisto° y 'doy en° otro más bajo,° ¿qué será sino fenescer?"° Con esto no me osaba menear.[34] Porque tenía por fe que todos los grados había de hallar más ruines. Y a abajar otro punto, no sonara Lázaro ni se oyera en el mundo.[35]

Pues, estando en tal aflicción (cual plega° al Señor librar della° a todo fiel cristiano), y sin saber darme consejo, viéndome ir de mal en peor, un día quel° cuitado,° ruin y lacerado de mi amo había ido fuera del lugar, llegóse acaso a mi puerta un calderero,° el cual yo creo que fue ángel enviado a mí por la mano de Dios en aquel hábito.° Preguntóme si tenía algo que adobar.° "En mí teníades bien que hacer, y no haríades poco, si me remediásedes,"[36] dije paso, que no me oyó. Mas como no era tiempo de gastarlo° en decir gracias, alumbrado° por el Espíritu Santo, le dije: "Tío,° una llave deste arcaz he perdido, y temo mi señor me azote.° Por vuestra vida, veáis si en ésas° que traéis hay alguna que le haga,° que yo os lo pagaré."

Comenzó a probar° el angélico calderero una y otra de un gran sartal ° que dellas traía, y yo ayudalle con mis flacas° oraciones. Cuando no me cato,[37] veo en figura de panes, como dicen, la cara de Dios dentro del arcaz. Y abierto, díjele: "Yo no tengo dineros que os dar por la llave, mas tomad de ahí el pago."

Él tomó un bodigo de aquéllos, el que mejor le pareció, y dándome mi llave se fue muy contento, dejándome más°

trust
I found,
i.e., ***hambre***
I leave, I find, base, die
may it please
i.e., ***aflicción***
que el, miserable
tinker
guise
repair
wasting [time]
enlightened
my good man
will beat
= ***llaves***
fits
try
bunch
weak
= ***más contento***

[32] **Lo** refers to the notion of abandoning his master.

[33] **De pura...** *caused by my hunger*

[34] **Con etso...** *for this reason, I didn't dare move*

[35] **Porque...** *I belived that things could only get worse and if they did there would be nothing left of Lázaro.*

[36] **En...** *You would have plenty to do, and if you helped me, it would be a lot.*

[37] **Cuando...** *when I least expected it*

a mí. Mas no toqué en nada por el presente, porque no fuese la falta sentida,[38] y aun, porque me vi de 'tanto bien señor,° parecióme que la hambre no se me osaba llegar.° Vino el mísero de mi amo, y quiso Dios no miró en la oblada° quel ángel había llevado.

Y otro día, en saliendo de casa, abro mi 'paraíso panal,° y tomo entre las manos y dientes un bodigo, y 'en dos credos° le hice invisible, no se me olvidando el arca abierta.[39] Y comienzo a barrer la casa con mucha alegría, pareciéndome con aquel remedio remediar 'dende en adelante° la triste vida. Y así estuve con ello aquel día y otro gozoso. Mas no estaba en mi dicha ° que me durase mucho aquel descanso, porque luego al tercero día me vino la terciana derecha.[40]

Y fue que veo 'a deshora° al que me mataba de hambre sobre° nuestro arcaz, 'volviendo y revolviendo,° contando y tornando a contar los panes. Yo disimulaba,° y en mi secreta oración y devociones y plegarias decía, "¡San Juan, y ciégale!"[41] Después que estuvo un gran rato 'echando la cuenta,° por días y dedos contando, dijo: "Si no tuviera 'a tan buen recaudo° esta arca, yo dijera que me habían tomado della panes; pero de hoy más,° sólo por cerrar puerta a la sospecha, quiero tener buena cuenta° con ellos. Nueve quedan y un pedazo."

'Nuevas malas° te dé Dios, dije yo entre mí. Parecióme con lo que dijo pasarme el corazón con 'saeta de montero,° y comenzóme el estómago a 'escarbar de° hambre, viéndose puesto en la dieta pasada. Fue fuera de casa. Yo por consolarme abro el arca y, como vi el pan, comencélo de adorar, no osando recibirlo.[42] Contélos, 'si a dicha° el lacerado 'se errara,° y hallé su cuenta más verdadera que yo quisiera. Lo más que yo pude hacer fue dar en ellos mil besos y, lo más

master of such wealth; show its face; offering of bread
bread paradise
in an instant
from then on
fortune
unexpectedly
hovering over; turning over; pretended not to notice; calculating
so well guarded
= ***más adelante***
accounting
bad luck
hunter's arrow
growl with
if by chance
had erred

[38] **Porque...** *so that the lack might not be noticed*

[39] ***No se me olvidó que el arca estaba abierta.***

[40] **Me vino...** *my problem returned.* **Terciana** refers to a fever which returns every three days.

[41] This is an expression which is normally **Ciégale, San Antón** which has been changed to **San Juan y ciégale** because San Juan is the patron saint of servants.

[42] **No osando recibirlo.** *Not daring to receive it* (as if it were a communion wafer.

delicado que yo pude, del partido° partí° un poco al pelo que él estaba,[43] y con aquél pasé aquel día, no tan alegre como 'el pasado.°

Mas, como la hambre creciese, 'mayormente que° tenía el estómago hecho° a más pan aquellos dos o tres días ya dichos, moría mala muerte, tanto que otra cosa no hacía en viéndome solo sino abrir y cerrar el arca, y contemplar en aquella 'cara de Dios° (que así dicen los niños). Mas el mismo Dios que socorre a los afligidos, viéndome en tal estrecho,° trujo° a mi memoria un pequeño remedio. Que, considerando entre mí, dije: "Este arquetón es viejo y grande y roto por algunas partes; aunque pequeños agujeros.° Puédese° pensar que ratones entrando en él hacen daño a este pan. Sacarlo entero no es cosa conveniente,[44] porque verá la falta° el que en tanta° me hace vivir. Esto bien se sufre."[45]

Y comienzo a desmigajar° el pan sobre unos no muy costosos° manteles ° que allí estaban, y tomo uno, y dejo otro, de manera que en cada cual de tres o cuatro desmigajé su poco. Después, como quien 'toma gragea,° lo comí, y algo me consolé. Mas él, como viniese a comer y abriese el arca, vio el 'mal pesar,° y sin duda creyó ser ratones los que el daño habían hecho. Porque estaba muy al propio contrahecho,[46] de como ellos lo suelen hacer. Miró todo el arcaz de un cabo° a otro, y viole ciertos agujeros por do° sospechaba habían entrado. Llamóme, diciendo: "¡Lázaro! ¡mira! ¡mira qué persecución° ha venido aquesta noche por nuestro pan!"

Yo 'híceme muy maravillado,° preguntándole qué sería.

"¡Qué ha de ser!" dijo él. "Ratones que no dejan cosa a vida."[47]

piece, I took
the day before
especially because
accustomed
i.e., the bread
so needy
trajo
holes, *se puede*
lack
tanta falta
break crumbs from
expensive, table cloths
eats bonbons
damage
end
donde
i.e., of the mice
pretended to be very surprised

[43] **Al pelo...** *fragment of the broken piece*
[44] **Sacarlo...** *taking out a whole loaf was impractical*
[45] **Esto bien...** *one can put up with this*
[46] **Muy al...** *very well done [as if by a mouse]*
[47] **¡Qué ha...** *"What do you think?" he said. "Mice who don't leave anything alone."*

Pusímonos a° comer, y quiso Dios que aun en esto me fue bien.[48] Que 'me cupo° más pan que la laceria que me solía dar, porque rayó° con un cuchillo todo lo que pensó ser ratonado,° diciendo: "Cómete eso, que el ratón cosa limpia es."

Y así aquel día, añadiendo la ración del trabajo de mis manos, o de mis uñas° por mejor decir, acabamos de comer, aunque yo nunca empezaba.

Y luego me vino otro sobresalto,[49] que fue verle andar solícito° quitando clavos° de paredes y buscando tablillas,[50] con las cuales clavó y cerró todos los agujeros de la vieja arca.

"¡ O Señor mío!" dije yo entonces, "¡ a cuánta miseria y fortuna° y desastres estamos puestos los nacidos,[51] y cuán poco duran los placeres desta nuestra trabajosa° vida! Heme aquí que pensaba con[52] este pobre y triste remedio remediar y pasar° mi laceria, y estaba ya 'cuanto que° alegre y 'de buena ventura.° Mas no quiso mi desdicha,[53] despertando a este lacerado de mi amo y poniéndole más diligencia de la que él 'de suyo° se tenía (pues los míseros° por la mayor parte nunca de aquélla° carecen), agora cerrando los agujeros del arca, cerrase la puerta a mi consuelo y la abriese a mis trabajos.°"

Así lamentaba yo, en tanto que mi solícito carpintero con muchos clavos y tablillas 'dio fin° a sus obras, diciendo: "Agora, donos° traidores ratones, conviéneos mudar propósito,[54] que en esta casa mala medra tenéis."[55]

'De que° salió de su casa, voy a ver la obra, y hallé que no dejó en la triste y vieja arca agujero, ni aun por donde le pudiese entrar un mosquito. Abro con mi desaprovechada° llave, sin esperanza de sacar provecho, y vi los dos o tres panes comenzados, los que mi amo creyó ser ratonados, y

we began; I got; cut off; mouse-eaten; fingernails; diligently, nails; misfortune; cruel; suffer, a bit; fortunate; by nature, miserly; i.e., ***diligencia***; troubles; finished; ***señores***; as soon as; useless

[48] **Aun en...** *even here, I got lucky*
[49] **Sobresalto** *shocking surprise*
[50] **Tablillas** are small pieces of wood.
[51] **Estamos...** *we human beings are exposed to*
[52] **Heme aquí...** *here I was thinking about*
[53] **Mas no...** *but my misfortune didn't wish it*
[54] **Mudar...** *to change your plan*
[55] **Mala medra...** *you will no longer prosper*

dellos todavía saqué alguna laceria, tocándolos muy ligeramente, 'a uso de° esgrimidor diestro.[56] — like

Como la necesidad sea tan gran maestra, viéndome con tanta° siempre, noche y día estaba pensando la manera que ternía° en sustentar 'el vivir.° Y pienso, para hallar estos negros remedios, que me era luz° la hambre, pues dicen que el ingenio con ella 'se avisa,° y al contrario con la hartura,° y así era por cierto en mí. — *tanta necesidad*; ***tendría***, life; guide; is sharpened, plenty

Pues, estando una noche desvelado en este pensamiento, pensando cómo 'me podría valer° y aprovecharme del arcaz, sentí que mi amo dormía, porque lo mostraba con roncar y en unos resoplidos° grandes que daba cuando estaba durmiendo. Levantéme muy quedito y, habiendo en el día pensado lo que había de hacer y dejado un cuchillo viejo, que por allí andaba, en parte do le hallase, voyme al triste arcaz y, por do había mirado tener menos defensa, le acometí° con el cuchillo, que a manera de barreno° dél usé. Y como la antiquísima arca, por ser de tantos años, la hallase sin fuerza y corazón, antes muy blanda y carcomida,° luego se me rindió, y consintió en su costado por mi remedio un buen agujero. Esto hecho, abro muy paso la llagada° arca y, 'al tiento,° del pan que hallé partido,° hice 'según de yuso° está escrito. — I could take care of myself; snorts; attacked, drill; worm-eaten; wounded; by feeling, broken, as earlier

Y con aquello 'algún tanto° consolado, tornando° a cerrar, me volví a mis pajas, en las cuales reposé y dormí un poco. Lo cual yo hacía mal, y echábalo° al no comer. Y así sería, porque cierto en aquel tiempo no me debían de quitar el sueño los cuidados del rey de Francia[57]. Otro día fue por el señor mi amo visto el daño,[58] así del pan como del agujero que yo había hecho, y comenzó a 'dar al diablo° los ratones y decir: ¿Qué diremos a esto? ¡Nunca haber sentido ratones en esta casa sino agora! — somewhat, ***volviendo***; I attributed it; curse

Y sin duda debía de decir verdad. Porque, si casa 'había de haber° en el reino justamente dellos privilegiada,[59] aquélla 'de razón° había de ser, porque no suelen morar° donde 'no — there was; surely, live

[56] **Esgrimidor diestro...** *skilled fencer*, i.e., without leaving a mark.

[57] **Los cuidados...** This is an expression of emphasis or comparison.

[58] *El daño fue visto por el señor mi amo*

[59] **Dellos...** *exempt from them [the mice]*

hay qué comer.° Torna a buscar clavos por la casa y por las paredes, y tablillas a atapárselos.° Venida la noche y su reposo,° luego yo era puesto en pie con mi aparejo° y, cuantos él tapaba de día, destapaba yo de noche.

there's nothing to eat; close them up
rest, tool

5 En tal manera fue y tal priesa nos dimos,[60] que sin duda 'por esto° se debió decir: " Donde una puerta se cierra, otra se abre." Finalmente, parecíamos tener 'a destajo° la tela de Penélope,[61] pues, cuanto él tejía° de día, rompía yo de noche. Y en pocos días y noches pusimos la pobre despensa° de tal 10 forma que, quien quisiera propriamente della hablar, más 'corazas viejas° de otro tiempo que no arcaz la llamara, según la clavazón° y tachuelas° sobre sí tenía.

about this
as a job
fixed
i.e., the chest
mended old armor
nail work, tacks

'De que° vio no le aprovechar nada su remedio, dijo: "Este arcaz está tan maltratado, y es de madera tan vieja y 15 flaca, que no habrá ratón a quien se defienda.[62] Y va ya tal que, si andamos más[63] con él, nos dejará sin guarda.[64] Y 'aun lo peor° que, aunque hace poca,[65] todavía hará falta faltando,[66] y me 'pondrá en costa° de tres o cuatro reales. El mejor remedio que hallo, pues el de hasta aquí no aprovecha, 20 armaré° por de dentro a estos ratones malditos."

when
worse yet
it will cost
I'll set a trap

Luego buscó prestada una ratonera,[67] y con cortezas° de queso, que a los vecinos pedía, contino° el gato[68] estaba armado dentro del arca. Lo cual era para mí singular° auxilio. Porque, puesto caso que yo no había menester 25 muchas salsas para comer,[69] todavía me holgaba° con las cortezas del queso que de la ratonera sacaba, y sin esto no perdonaba el ratonar del bodigo.[70]

rinds
continually
extraordinary
was satisfied

Como hallase el pan ratonado° y el queso comido, y no

nibbled

[60] **En tal...** *It was done in such a way and so quickly...*

[61] Penelope, the wife of Ulysses in the *Odyssey*, wove her father-in-law's shroud during the day and spent the night unraveling the work she had done to avoid marrying one of several suitors.

[62] **A quien...** *from which it can protect itself*

[63] **Y va ya...** *and if things keep on like this*

[64] The **guarda** is a place to keep the bread.

[65] **Hace...** *it offers little protection*

[66] **Hará...** *it will be missed if it isn't here*

[67] **Buscó...** *he looked for a mousetrap to borrow*

[68] Note that **gato** has the meaning of *cat* and *trigger*.

[69] **Muchsa salsas...** *much to whet my appetite*

[70] **Sin esto...** *Besides, I ate crumbs*

cayese° el ratón que lo comía, dábase al diablo, preguntaba a los vecinos: ¿ qué podría ser comer el queso y sacarlo de la ratonera, y no caer ni quedar dentro el ratón, y hallar caída la trampilla del gato?[71] Acordaron° los vecinos no ser el ratón el que este daño hacía, porque no fuera menos de haber caído alguna vez. Díjole un vecino: "En vuestra casa yo me acuerdo que solía andar una culebra,° y ésta debe de ser sin duda. Y 'lleva razón° que, como es larga, tiene lugar de tomar el cebo° y, aunque la coja la trampilla encima, como no entre toda dentro, tórnase a salir."

Cuadró[72] a todos lo que aquél dijo, y alteró° mucho a mi amo, y dende en adelante no dormía tan 'a sueño suelto.° Que cualquier gusano° de la madera que de noche sonase,° pensaba ser la culebra que le roía° el arca. Luego era puesto en pie, y con un garrote que a la cabecera,[73] desde que aquello le dijeron, ponía, daba en la pecadora del arca grandes garrotazos,° pensando espantar la culebra. A los vecinos despertaba con el estruendo° que hacía, y a mí no dejaba dormir. Ibase a mis pajas y trastornábalas,[74] y a mí con ellas, pensando que se iba para mí y se envolvía en mis pajas o en mi sayo.° Porque le decían que de noche acaecía° a estos animales, buscando calor, irse a las cunas° donde están criaturas,° y aun mordellas y hacerles peligrar.[75] Yo las más veces hacía del dormido,[76] y en la mañana decíame él: "Esta noche, mozo, ¿'no sentiste° nada? Pues tras la culebra anduve, y aun pienso se ha de ir para ti[77] a la cama, que son muy frías y buscan calor."

"Plega a Dios que no me muerda,°" decía yo, "que harto miedo le tengo."[78]

Desta manera andaba tan elevado y levantado del sueño

get caught
agreed
snake
makes sense
bait
angered
soundly
worm, made a noise, gnawed
cudgel blows
noise
clothes, happened
cradles
babies
didn't you hear
bite

[71] **Caída...** *the trap sprung*
[72] **Cuadró...** *it seemed plausible*
[73] **Luego era...** *he got up right away and with a cudgel he kept at the head of the bed*
[74] **Íbase a...** *he went to my straw cot and turned it every which way*
[75] **Mordellas...** *bite them and do them harm*
[76] **Hacía...** *I pretended to be asleep*
[77] **Se ha...** *it was about to attack you*
[78] **Harto...** *I'm very afraid of it*

que, mi fe, la culebra o el culebro,[79] por mejor decir, no osaba roer de noche ni levantarse° al arca. Mas de día, mientras estaba[80] en la iglesia o por el lugar, 'hacía mis saltos.° Los cuales daños viendo él y el poco remedio que les podía poner, andaba de noche, como digo, 'hecho trasgo.°

Yo hube° miedo que con aquellas diligencias° no me 'topase con° la llave que debajo de las pajas tenía, y parecióme lo más seguro meterla° de noche en la boca. Porque ya, desde que viví con el ciego, la° tenía tan hecha bolsa,° que me acaeció tener en ella doce o quince maravedís, todo en medias blancas, sin que me estorbase° el comer. Porque de otra manera no era señor de una blanca quel maldito ciego no 'cayese con° ella, no dejando costura ni remiendo que me buscaba[81] muy a menudo. Pues, así como digo, metía cada noche la llave en la boca, y dormía sin recelo° que el brujo de mi amo[82] cayese con ella. Mas cuando la desdicha ha de venir, 'por demás es diligencia.°

Quisieron mis hados[83] o, por mejor decir, mis pecados, que una noche que estaba durmiendo, la llave se me puso en la boca, que abierta debía tener, de tal manera y postura° quel aire y resoplo,° que yo durmiendo echaba, salía por 'lo hueco° de la llave, que 'de cañuto era,° y silbaba, según mi desastre quiso, muy recio,° de tal manera que el sobresaltado de mi amo[84] lo oyó, y creyó sin duda ser el silbo° de la culebra, y cierto lo debía parecer.

Levantóse muy paso con su garrote en la mano, y al tiento y sonido[85] de la culebra se llegó a mí con mucha quietud, por no ser sentido de la culebra. Y como cerca se vio, pensó que allí en las pajas, do yo estaba echado,° al calor mío se había venido. Levantando bien el palo, pensando tenerla debajo, y darle tal garrotazo que la matase, con toda su fuerza me descargó en la cabeza tan gran golpe que sin

levantarse: rob
hacía mis saltos: I attacked
hecho trasgo: like a ghost
hube: *tenía*; diligencias: searches
topase con: find
meterla: put it
la: i.e., *la boca*; bolsa: purse
estorbase: hinder
cayese con: find
recelo: fear
por demás es diligencia: one cannot avoid it
postura: position
resoplo: breath
lo hueco: the hollow part; de cañuto era: was a tube; recio: loud
silbo: hiss
echado: lying

[79] **El culebro** is Lázaro.
[80] *Mientras* ***el clérigo*** *estaba*
[81] **No dejando...** *even with checking every inch of my clothing*
[82] **El brujo...** *my fiendish master*
[83] **Quisieron...** *as fate would have it*
[84] **El sobresaltado...** *my jittery master*
[85] **Al tiento...** *Groping and following the sound*

ningún sentido, y muy mal descalabrado,[86] me dejó.

Como sintió que me había dado, según yo debía hacer gran sentimiento° con el fiero golpe, contaba° él que se había llegado a mí y, dándome grandes voces, llamándome, procuró recordarme.° Mas, como me tocase con las manos, tentó la mucha sangre que se me iba, y conoció el daño que me había hecho. Y con mucha priesa fue a buscar lumbre. Y llegando con ella, hallóme quejando, todavía con mi llave en la boca, que nunca la desamparé,° la mitad fuera, bien de aquella manera que debía estar al tiempo que silbaba con ella.[87]

scream, realized

make me come to

I let it go

Espantado el matador de culebras qué podría ser aquella llave, miróla sacándomela 'del todo° de la boca, y vio lo que era, porque en las guardas° nada de la suya diferenciaba. Fue luego a probarla, y con ella probó el maleficio.° Debió de decir el cruel cazador:[88] "El ratón y culebra que me daban guerra y me comían mi hacienda, he hallado."

completely

pattern of key

evil deed

De lo que sucedió en aquellos tres días siguientes ninguna fe daré,[89] porque los tuve° en el vientre de la ballena;[90] mas de como esto que he contado oí, después que en mí torné, decir a mi amo,[91] el cual a cuantos allí venían lo contaba 'por extenso.°

I spent

in detail

'A cabo de° tres días, yo torné en mi sentido, y vime echado en mis pajas, la cabeza toda emplastada° y llena de aceites y ungüentos,° y espantado° dije: "¿Qué es esto?"

after

bandaged

ointments,

Respondióme el cruel sacerdote: "'A fe que° los ratones y culebras que me destruían, ya los he cazado.°"

frightened; upon my word; caught

Y 'miré por mí,° y vime tan maltratado que luego sospeché mi mal.

I examined myself

A esta hora entró una vieja que ensalmaba,° y los vecinos. Y comiénzanme a quitar trapos° de la cabeza y curar el garrotazo. Y como me hallaron vuelto en mi sentido, holgáronse mucho y dijeron: "Pues ha tornado en su acuerdo. Placerá a

was a faith healer

cloths

[86] **Muy mal...** *with a severe head wound*

[87] **Bien...** *just as it was when I was whistling through it.*

[88] **Debió...** *the cruel hunter must have said*

[89] **Ninguna fe...** *I can't testify to*

[90] This is a reference to Jonah and the whale in Jonah 1:17 and 2.

[91] **Mas de...** *but what I told, I heard my master say, after I came to*

Dios no será nada."[92]

Ahí tornaron de nuevo a contar mis cuitas y a reírlas, y yo pecador, a llorarlas. Con todo esto, diéronme de comer, que estaba 'transido de hambre,° y apenas me pudieron demediar.° Y así, de poco en poco, a los quince días, me levanté y estuve sin peligro, mas no sin hambre, y 'medio sano.°

famished

help

half-way cured

Luego otro día que fui levantado, el señor mi amo me tomó por la mano y sacóme la puerta fuera y, puesto en la calle, díjome: "Lázaro, de hoy más eres tuyo y no mío. Busca amo, y vete con Dios. Que yo no quiero en mi compañía tan diligente° servidor. No es posible sino que hayas sido[93] mozo de ciego."

crafty

Y santiguándose de mí[94] como si yo estuviera endemoniado,° se torna a meter en casa y cierra su puerta.

possessed

[92] **Placerá...** *May it please God that it isn't serious*
[93] **No es...** *you probably were*
[94] **Santiguándose...** *crossing himself as a protection against me*

Tratado Tercero: Cómo Lázaro se asentó con un escudero,[1] y de lo que le acaeció con él

DESTA MANERA ME fue forzado sacar fuerzas de flaqueza.[2] Y poco a poco, con ayuda de las buenas gentes, 'di conmigo° en esta insigne° ciudad de Toledo, adonde,° con la merced de Dios, 'dende a° quince días se me cerró la herida. Y mientras estaba malo, siempre me daban alguna limosna; mas, después que estuve sano, todos me decían: "Tú, bellaco° y gallofero° eres. Busca, busca un amo a quien sirvas."

I found myself
illustrious
donde
within
rogue, vagabond

¿Y adónde se hallará ése? decía yo entre mí, "si Dios agora de nuevo, como crió el mundo, no le criase"[3]

Andando así discurriendo° de puerta en puerta, con 'harto poco remedio,° porque ya la caridad se subió al cielo, topóme Dios con[4] un escudero que iba por la calle, 'con razonable vestido,° bien peinado,° su paso y 'compás en orden.° Miróme, y yo a él, y díjome: "¿Mochacho, buscas amo?"

wandering
very little relief
decently dressed, coiffed, appropriate bearing

[1] **Se asentó...** *entered the service of a squire*
[2] **Sacar...** *to pluck up courage*
[3] **si Dios....** *If God did not create him right now on the spot out of nothing like He created the world.*
[4] **Topóme Dios...** *God had me meet up with*

Yo le dije: "Sí, señor."

"Pues, vente tras mí," me respondió, "que Dios te ha hecho merced en topar conmigo. Alguna buena oración rezaste hoy."

5 Y seguíle, dando gracias a Dios por lo que 'le oí,° y también que me parecía, según su hábito y continente,[5] ser el que 'yo había menester.° — I heard him say; I needed

Era de mañana cuando este mi tercero amo topé. Y llevóme tras sí 10 gran parte de la ciudad. Pasábamos por las plazas donde se vendía pan y otras provisiones. Yo pensaba, y aun deseaba, que allí me quería cargar de lo que se vendía, por-15 que ésta era 'propia hora° cuando se suele proveer de lo necesario; mas 'muy a tendido paso° pasaba por estas cosas. "'Por ventu-20 ra° no lo vee aquí 'a su contento,"° decía yo, "y querrá que lo compremos en otro cabo.°" — right time; with a quick step; perhaps; to his liking; place

Desta manera anduvimos hasta 25 que dio las once. Entonces se entró en la 'iglesia mayor,° y yo tras él, y muy devotamente le vi oír misa y los otros oficios° divinos, hasta que todo fue acabado y la gente ida.° Entonces salimos de la iglesia. — cathedral; services; *había ido*

30 A buen paso tendido comenzamos a ir 'por una calle abajo.° Yo iba el más alegre del mundo en ver que no nos habíamos ocupado en buscar de comer. Bien consideré que debía ser hombre mi nuevo amo que 'se proveía en junto,° y que ya 35 la comida estaría 'a punto,° y tal como yo la deseaba y aun la había menester. — down a street; bought in quantities; ready

En este tiempo dio el reloj la una después de medio día,

[5] **Según...** *because of his dress and bearing*

llegamos a una casa ante la cual mi amo 'se paró,° y yo con él. Y 'derribando el cabo° de la capa sobre el lado° izquierdo, sacó una llave de la manga,° y abrió su puerta, y entramos en casa. La cual tenía la entrada obscura y lóbrega° de tal manera que parecía que 'ponía temor° a los que en ella entraban, aunque dentro della estaba un patio pequeño y razonables° cámaras.

stopped / throwing the end, shoulder; sleeve / gloomy / made afraid / decent

Desque° fuimos entrados, quita de sobre sí su capa y, preguntando si tenía las manos limpias, la sacudimos° y doblamos° y, muy limpiamente soplando° un poyo° que allí estaba, la puso en él. Y hecho esto, sentóse cabo° della, preguntándome muy 'por extenso° de dónde era y cómo había venido a aquella cuidad.

after / shook / folded, dusting off, stone bench; next to / in detail

Y yo le di más larga cuenta° que quisiera, porque me parecía más conveniente hora de mandar poner la mesa y escudillar la olla[6] que de lo que me pedía. Con todo eso, yo le satisfice de mi persona lo mejor que mentir supe, diciendo mis bienes y callando lo demás,[7] porque me parecía no ser 'para en cámara.° Esto hecho, estuvo así un poco, y yo luego vi mala señal,° por ser ya casi las dos y no le ver más aliento° de comer que a un muerto.

account / appropriate / omen, desire

Después desto, consideraba aquél tener[8] cerrada la puerta con llave, ni sentir° arriba ni abajo pasos de viva persona por la casa. Todo lo que yo había visto eran paredes, sin ver en ella silleta,° ni tajo,° ni banco, ni mesa, ni aun tal arcaz como el de marras.[9] Finalmente, ella parecía casa encantada. Estando así, díjome: "Tú, mozo, ¿has comido?"

heard / small chair, chopping block

"No señor," dije yo, "que aun no eran dadas las ocho[10] cuando con vuestra merced encontré."

"Pues, aunque de mañana, yo había almorzado y, cuando así como algo, 'hágote saber° que hasta la noche me estoy así. Por eso, pásate como pudieres,[11] que después cenaremos."

I'll have you know

Vuestra merced crea, cuando esto le oí, que estuve en

[6] **Poner...** *set the table and dish out the stew*

[7] **Mentir...** *I knew how to lie, telling about my good qualities and not mentioning the rest*

[8] **Consideraba...** *I reflected that the squire had*

[9] **De marras...** *in the past,* i.e. the cleric's house.

[10] **No eran...** *it had not yet struck eight*

[11] **Pásate...** *get along as well as you can*

poco de caer de mi estado,[12] no tanto de hambre como por conocer de todo en todo la fortuna serme adversa.[13] Allí se me representaron de nuevo mis fatigas,[14] y torné a llorar mis trabajos.° Allí se me vino a la memoria la consideración que hacía cuando me pensaba ir del clérigo, diciendo que, aunque aquél era desventurado y mísero, por ventura toparía con otro peor.[15] Finalmente, allí lloré mi trabajosa vida pasada, y mi cercana muerte venidera.°

difficulties

imminent

Y 'con todo, disimulando° lo mejor que pude, le dije: "Señor, mozo soy que 'no me fatigo° mucho por comer, bendito Dios. Deso me podré yo alabar° entre todos mis iguales por 'de mejor garganta,° y así fui yo loado della, hasta hoy día, de los amos que yo he tenido."

however, pretending; I am not concerned; praise being a most modest eater

"Virtud es ésa," dijo él. "Y por eso te querré yo más. Porque 'el hartar° es de los puercos, y el comer regladamente° es de los 'hombres de bien.°"

stuffing oneself

moderately; respectable people

"Bien te he entendido!" dije yo entre mí, "maldita tanta medicina y bondad como aquestos mis amos que yo hallo hallan en la hambre!"[16]

Púseme a un cabo del portal, y saqué unos pedazos de pan del seno,° que me habían quedado 'de los de por Dios.° Él, que vio esto, díjome: "Ven acá, mozo. ¿Qué comes?"

chest; from begging

Yo lleguéme a él y mostréle el pan. Tomóme él un pedazo, de tres que eran: el mejor y más grande. Y díjome: "Por mi vida, que parece éste buen pan."

"¡Y cómo! ¿Agora," dije yo, "señor, es bueno?"

"Sí, a fe," dijo él. ¿Adónde lo hubiste?° ¿Si es amasado° de manos limpias?"

get, kneaded

"No sé yo eso," le dije, "mas a mí no me pone asco el sabor dello."[17]

"Así plega a Dios," dijo el pobre de mi amo.

Y llevándolo a la boca, comenzó a dar en él tan fieros

[12] **En poco...** *about to faint*

[13] **Conocer...** *realizing that luck was completely against me*

[14] **Alli se...** *there my sufferings came to mind again*

[15] **Aquél era...** *he was miserable and miserly, my luck would have it that I'd come across someone worse*

[16] **Maldita...** *Cursed be the great remedy and virtue that my masters that I meet find in hunger.*

[17] **No me pone...** *its taste doesn't make me sick to my stomach*

bocados° como yo en lo otro. mouthfuls

"Sabrosísimo pan está," dijo, "por Dios."

Y como le 'sentí de qué pie coxeaba,° dime priesa. Porque le vi 'en disposición,° si acababa antes que yo, 'se comediría° a ayudarme a lo que me quedase. Y con esto acabamos casi 'a una.° Comenzó a sacudir° con las manos unas pocas de migajas°, y bien menudas,° que en los pechos° se le habían quedado. Y entró en una camareta° que allí estaba, y sacó un jarro desbocado° y no muy nuevo y, desque hubo bebido, convidóme° con él. Yo, por hacer del continente,[18] dije: "Señor, no bebo vino." sensed what he was up to; ready, would offer at the same time, shake off; crumbs, small, chest; small room; chipped mouth; he invited me

"Agua es," me respondió. "Bien puedes beber."

Entonces tomé el jarro y bebí. No mucho, porque de sed no era mi congoja.[19]

Así estuvimos hasta la noche, hablando en cosas que me preguntaba, a las cuales yo le respondí lo mejor que supe. En este tiempo metióme° en la cámara donde estaba el jarro de que bebimos, y díjome: "Mozo, 'párate allí,° y verás cómo hacemos esta cama, para que la sepas hacer de aquí adelante." he put me wait here

Púseme de un cabo y él del otro, e hecimos° la negra cama. En la cual no había mucho que hacer, porque ella tenía sobre unos bancos un cañizo,° sobre el cual estaba tendida la ropa° que, por no estar muy continuada a lavarse,[20] no parecía colchón,° aunque 'servía dél,° con harta menos lana que era menester. Aquél tendimos, haciendo cuenta de ablandarle.[21] Lo cual era imposible, porque de lo duro, mal se puede hacer blando.[22] El diablo del enjalma maldita la cosa tenía dentro de sí,[23] que puesto sobre el cañizo, todas las cañas se señalaban,[24] y parecían a lo 'propio entrecuesto° de flaquísimo puerco. Y sobre aquel hambriento colchón un alfámar° del mismo jaez,° del cual el color 'yo no pude alcanzar.° Hecha la cama y *hicimos* reed framework, sheets mattress, it served as one very spine blanket, kind I couldn't determine

[18] **Por hacer...** *pretending to be a non-drinker*
[19] **De sed...** *my affliction was not of thirst*
[20] **Por no...** *for not being washed frequently*
[21] **Haciendo...** *trying to soften it*
[22] **Porque de...** *because something so hard cannot be made soft.*
[23] **El diablo...** *the cursed mattress didn't have anything inside of it*
[24] **Todas las...** *all the reeds showed through*

la noche venida, díjome: "Lázaro, ya es tarde, y de aquí a la plaza hay gran trecho.° También, en esta ciudad andan muchos ladrones que siendo de noche capean.° Pasemos como podamos y, mañana, venido el día, Dios 'hará merced.° Porque yo por estar solo no estoy proveído;[25] antes° he comido estos días por allá fuera. Mas agora 'hacerlo hemos° de otra manera."

"Señor, de mí," dije yo, "ninguna pena tenga vuestra merced, que bien sé pasar una noche, y aun más, si es menester, sin comer."

"Vivirás más° y más sano," me respondió, "porque, como decíamos hoy, no hay tal cosa en el mundo para vivir mucho que comer poco."

"Si 'por esa vía es,°" dije entre mí, "nunca yo moriré, que siempre he guardado esa regla por fuerza, y aun espero en mi desdicha tenerla° toda mi vida."

Y acostóse en la cama, poniendo por cabecera las calzas y el jubón.[26] Y mandóme echar° a sus pies, lo cual yo hice. Mas, ¡maldito el sueño que yo dormí! porque las cañas y 'mis salidos huesos° en toda la noche dejaron de rifar y encenderse.[27] Que con mis trabajos, males y hambre, pienso que en mi cuerpo no había 'libra de carne.° Y también, como aquel día no había comido casi nada, rabiaba de hambre,[28] la cual con el sueño no tenía amistad. Maldíjeme mil veces (¡Dios me lo perdone!), y a mi ruin fortuna, allí lo más de la noche y, lo peor, no osándome revolver° por no despertalle, pedí a Dios muchas veces la muerte.

La mañana venida, levantámonos, y comienza a limpiar y sacudir sus calzas y jubón, sayo° y capa (¡y yo que le servía de pelillo!). Y vísteseme muy a su placer de espacio.[29] Echéle aguamanos,[30] peinóse, y púsose su espada en el talabarte° y, al tiempo que la ponía, díjome: "¡Oh, si supieses, mozo, qué

distance
steal capes
will provide; rather
lo haremos
longer
if that's true
keep it
lie down
my protruding bones
pound of flesh
to stir
coat
sword belt

[25] **No estoy...** *I have no provisions*
[26] **Poniendo...** *using his trousers and vest for a pillow*
[27] **Dejaron...** *didn't stop quarreling and fighting*
[28] **Rabiaba...** *I was absolutely famished*
[29] **Yo que le...** *I served him as a humble servant. And I dressed him at his leisure and to his great pleasure*
[30] **Echéle...** *I poured water for him to wash with*

pieza° es ésta! No hay marco de oro en el mundo por que yo la diese. Mas así, ninguna de cuantas Antonio[31] hizo, no acertó a ponerle los aceros tan prestos como ésta los tiene."[32]

Y sacóla de la vaina,° y tentóla° con los dedos, diciendo: "¿Vesla aquí? Yo 'me obligo° con ella cercenar° un copo° de lana."

Y yo dije entre mí: "y yo con mis dientes, aunque no son de acero, un pan de cuatro libras."

Tornóla a meter, y ciñósela, y un sartal de cuentas gruesas[33] del talabarte. Y con un paso sosegado y el cuerpo derecho,° haciendo con él y con la cabeza muy gentiles meneos,° echando° el cabo de la capa sobre el hombro y a veces so° el brazo, y poniendo la mano derecha en el costado, salió por la puerta, diciendo: "Lázaro, mira por la casa 'en tanto que° voy a oír misa, y haz la cama, y ve por la vasija° de agua al río, que 'aquí bajo° está, y cierra la puerta con llave no nos hurten° algo, y ponla aquí al quicio,° porque si yo viniere 'en tanto° pueda entrar."

Y súbese por la calle arriba con tan gentil 'semblante y continente° que quien no le conociera pensara ser muy cercano pariente al Conde de Arcos[34] o, a lo menos, camarero° que le daba de vestir.

"¡Bendito seáis Vos, Señor," quedé yo diciendo, "que dais la enfermedad y ponéis el remedio! ¿Quién encontrará a aquel mi señor que no piense, según el contento de sí lleva,[35] haber anoche bien cenado y dormido en buena cama y, aunque agora es de mañana, no le cuenten por bien almorzado?[36] ¡Grandes secretos son, Señor, los que Vos hacéis, y las gentes ignoran!° ¿A quién no engañará aquella buena disposición° y razonable capa y sayo? Y ¿quién pensará que aquel gentil hombre se pasó ayer todo el día con aquel mendrugo° de pan que su criado Lázaro trujo° un día y una

sword; scabbard, touched it; I bet, cut, tuft; straight; noddings, tossing; under; while, pitcher; there below; rob, hinge; in the meantime; face; valet; don't know; demeanor; crumb, *trajo*

[31] A famous swordmaker in Toledo of the 15th century.
[32] **No acertó...** *he didn't succeed in making blades as well tempered as this one has*
[33] **Sartal...** *string of large beads*
[34] Nobleman in a ballad.
[35] **Según...** *according to how contented he carries himself*
[36] **No le cuentan...** *wouldn't suppose that he hadn't had a good breakfast*

noche en el arca de su seno, do no se le podía pegar mucha limpieza;[37] y hoy, lavándose las manos y cara, a falta de 'paño de manos,° se hacía servir de la halda° del sayo? Nadie por cierto lo sospechará. ¡Oh, Señor, y cuántos de aquéstos debéis Vos tener por el mundo derramados° que padecen,° por la negra que llaman honra, lo que por Vos no sufrirían!"

hand towel, hem

scattered, suffer

Ansí estaba yo a la puerta, mirando y considerando estas cosas, hasta que el señor mi amo traspuso° la larga y angosta° calle. Tornéme a entrar en casa, y 'en un credo° la anduve toda, alto y bajo, sin hacer represa ni hallar en qué.[38] Hago la negra dura cama, y tomo el jarro, y 'doy conmigo° en el río, donde en una huerta° vi a mi amo en gran recuesta[39] con dos rebozadas° mujeres, al parecer de las que en aquel lugar no hacen falta.[40] Antes muchas tienen 'por estilo° de irse a las mañanicas[41] del verano a refrescar, y almorzar sin llevar qué,° por aquellas frescas riberas,° con confianza que no ha de faltar quién 'se lo dé,° según las tienen puestas en esta costumbre aquellos hidalgos del lugar.[42]

went down

narrow, in the twinkling of an eye; I go down

garden

veiled

the custom

anything, banks

will give them [food]

Y como digo, él estaba entre ellas, hecho un Macías,[43] diciéndoles más dulzuras° que Ovidio[44] escribió. Pero como sintieron dél que estaba 'bien enternecido,° no se les hizo de vergüenza[45] pedirle de almorzar, con el acostumbrado pago.°

sweet nothings

very passionate

payment

El, sintiéndose tan frío de bolsa cuanto caliente del estómago,[46] 'tomóle tal calofrío° que le robó la color del gesto,° y comenzó a turbarse en la plática[47] y a poner° excusas no válidas.

he shuddered

face, give

[37] **Do no se le...** *where it was not so very clean*

[38] **Sin hacer....** *Without stopping nor finding anything to stop for.*

[39] **Gran...** *intense conversation*

[40] **Al parecer...falta.** *Seemingly of the type [prostitutes] who were not lacking there.*

[41] **Mañanica** means *the morning, very early.*

[42] **Según....** *As those nobles of this place have accustomed them to expect.*

[43] Macías was a renowned 15th cent. Galician troubadour famous for being the epitome of a faithful lover.

[44] Ovid (43 B.C.–17? A.D.) Roman poet who authored several works about love the most famous being the *Ars Amatoria.*

[45] **No se les...** *it didn't shame them*

[46] **Él, sintiéndose...** *He was as penniless as he was passionate.*

[47] **Turbarse...** *become tongue-tied*

Ellas, que debían ser bien instituidas,° como le sintieron° la enfermedad, dejáronle para el que era.

Yo, que estaba comiendo ciertos 'tronchos de berzas,° con los cuales me desayuné, con mucha diligencia, como mozo nuevo, sin ser visto de mi amo, torné a casa. De la cual pensé barrer° alguna parte, que bien era menester; mas no hallé con qué. Púseme a pensar qué haría, y parecióme esperar a mi amo hasta que el día demediase,° y si viniese y por ventura trajese algo que comiésemos; mas en vano fue mi experiencia.°

Desque vi 'ser las dos,° y no venía, y la hambre me aquejaba,° cierro mi puerta y pongo la llave do mandó, y tórnome° a mi menester.[48] Con baja y enferma° voz, e inclinadas mis manos en los senos,[49] puesto Dios ante mis ojos, y la lengua en su nombre, comienzo a pedir pan por las puertas y casas más grandes que me parecía. Mas, como yo este oficio° le hubiese mamado en la leche,[50] quiero decir que con el gran maestro, el ciego, lo aprendí, tan 'suficiente discípulo° salí que, aunque en este pueblo no había caridad, ni el año fuese muy abundante, tan buena maña me di[51] que, antes que el reloj diese las cuatro, ya yo tenía otras tantas libras de pan ensiladas° en el cuerpo, y más de otras dos en las mangas° y senos.°

Volvíme 'a la posada,° y al pasar por la tripería,° pedí a una de aquellas mujeres, y diome un pedazo de 'uña de vaca° con otras pocas de tripas° cocidas.

Cuando llegué a casa, ya el bueno de mi amo estaba en ella, doblada su capa y puesta en el poyo, y él paseándose por el patio.

Como entré, vínose para mí. Pensé que me quería reñir° la tardanza;° mas mejor lo hizo Dios.[52] Preguntóme do° venía. Yo le dije:

"Señor, hasta que dio las dos, estuve aquí y, de que vi que vuestra merced no venía, fuime por esa ciudad a encomendarme a las buenas gentes, y hanme dado esto que veis."

versed, understood

pieces of cabbage

sweep

was half gone

hope

it was 2:00

was distressing

I return, weak

profession

accomplished student

eaten

sleeves, inside my shirt; home, meat market

cow hoof, tripe

scold

tardiness, from where

[48] **Mi menester**, *my profession*, is that of begging.

[49] **Inclinadas...** *my hands crossed on my chest*

[50] **Hubiese...** *I had learned from birth*

[51] **Tan buena...** *made such good use of my training*

[52] **Mas mejor...** *but God was on my side*

Mostréle el pan y las tripas que en un cabo de la halda traía, a lo cual él mostró 'buen semblante,° y dijo: pleasure

"Pues, esperado te he a comer y, de que vi que no veniste, comí. Mas tú haces como hombre 'de bien° en eso, que más vale pedillo por Dios que no hurtallo,° y ansí él me ayude como ello me parece bien.[53] Y solamente te encomiendo no sepan que vives conmigo, por lo que toca a mi honra, aunque bien creo que será secreto según 'lo poco que° en este pueblo soy conocido. ¡Nunca a él° yo hubiera de venir!" honest steal it how little *i.e.,* ***pueblo***

"'Deso pierda, señor, cuidado,"° le dije yo, "que maldito aquel que ninguno tiene de pedirme esa cuenta, ni yo de dalla."[54] don't worry, sir

"Agora pues, come, pecador. Que, si a Dios place, presto° nos veremos sin necesidad, aunque te digo que, después que en esta casa entré, nunca bien me ha ido. Debe ser de mal suelo.[55] Que hay casas desdichadas y 'de mal pie,° que a los que viven en ellas pegan° la desdicha. Ésta debe de ser sin duda dellas; mas yo te prometo, acabado el mes,[56] no quede en ella, aunque me la den por mía." soon unlucky sticks

Sentéme al cabo del poyo y, porque no me tuviese por glotón, 'callé la merienda.° Y comienzo a cenar y morder en mis tripas y pan, y disimuladamente miraba al desventurado señor mío, que no partía° sus ojos de mis faldas que aquella sazón servían de plato. Tanta lástima° haya Dios de mí como yo había dél, porque sentí lo que sentía, y muchas veces había por ello pasado, y pasaba cada día. Pensaba si 'sería bien comedirme° a convidalle; mas, por me haber dicho que había comido, temíame no aceptaría el convite.° Finalmente, yo deseaba quel pecador ayudase a su trabajo del mío,[57] y se desayunase como el día antes hizo, pues había mejor aparejo,° por ser mejor la vianda° y menos mi hambre. I ate quietly take away pity it would be suitable invitation supply, food

Quiso Dios cumplir mi deseo, y aun pienso que el suyo. Porque, como comencé a comer y él se andaba paseando,

[53] **Como ello...** *as much as this seems right to me*

[54] **Que maldito...** *Damn him who asks me for an account of it and me if I give it.*

[55] **Debe ser...** *it must be an unlucky place*

[56] **Acabado...** *when the month ends*

[57] **Ayudase...** *help himself from my work*

llegóse a mí y díjome:

"Dígote, Lázaro, que tienes en comer 'la mejor gracia° que en mi vida vi a hombre, y que nadie te lo verá hacer que no le pongas gana, aunque no la tenga."[58]

"La muy buena° que tú tienes," dije yo entre mí, "te hace parecer 'la mía° hermosa."

'Con todo,° parecióme ayudarle, pues se ayudaba y me abría camino para ello,[59] y díjele: "Señor, el buen aparejo hace buen artífice.[60] Este pan está sabrosísimo, y esta uña de vaca tan bien cocida y sazonada que no habrá a quien no convide[61] con su sabor."

"¿Uña de vaca es?"

"Sí, señor."

"Dígote que es el mejor bocado del mundo, y que no hay faisán° que ansí me sepa."°

"Pues pruebe,° señor, y verá qué tal está."

Póngole en las uñas° la otra,° y tres o cuatro raciones de pan, de lo más blanco. Y asentóseme al lado, y comienza a comer, como aquel que lo había gana, royendo[62] cada huesecillo° de aquéllos mejor que un galgo° suyo lo hiciera.

"Con almodrote,°" decía, "es éste singular° manjar."

"Con mejor salsa° lo comes tú", respondí yo paso.°

"Por Dios, que me ha sabido° como si no hubiera hoy comido bocado."

"¡Ansí me vengan los buenos años como es ello!"[63] dije yo entre mí.

Pidióme el jarro del agua, y díselo como lo había traído. Es señal que, pues no le faltaba el agua, que no le había a mi amo sobrado la comida. Bebimos, y muy contentos nos fuimos a dormir como la noche pasada.

Y por evitar prolijidad,° desta manera estuvimos ocho o

the best manners
i.e., desire
i.e., my desire
however
pheasant, tastes
taste it
paws, i.e. cow hoof
little bone, greyhound; garlic sauce, exquisite; appetite, quietly; tasted
wordiness

[58]**Nadie...** *Anyone who sees you eating would want to even though he wasn't hungry.*

[59] **Me abría...** *opened the way to help him*

[60] **El buen...** *good tools make a good artisan*

[61] **No habrá...** *there's no one who would not be enticed*

[62] **Lo había...** *really wanted to, gnawing*

[63] **¡Ansí...** *I bet that's true*

diez días, yéndose el pecador° en la mañana con aquel contento y paso contado a papar aire[64] por las calles, teniendo en el pobre Lázaro una cabeza de lobo.[65]

Contemplaba yo muchas veces mi desastre que, escapando de los amos ruines° que había tenido, y buscando mejoría,° viniese a topar con[66] quien no sólo no me mantuviese, mas a quien yo había de mantener. Con todo, le quería bien con ver que no tenía ni podía más. Y antes le había lástima que enemistad. Y muchas veces, por llevar a la posada con que él lo pasase,° yo lo pasaba mal.

Porque una mañana, levantándose el triste en camisa, subió a 'lo alto° de la casa a hacer sus menesteres° y, en tanto, yo, por salir de sospecha,[67] desenvolvíle° el jubón y las calzas que a la cabecera dejó, y hallé una bolsilla° de terciopelo° raso,° hecha cien dobleces,[68] y sin maldita la blanca, ni señal que la hubiese tenido mucho tiempo.[69]

"Éste" decía yo, "es pobre, y nadie da lo que no tiene. Mas el avariento ciego y el malaventurado° mezquino° clérigo que, con dárselo Dios a ambos, al uno de mano besada[70] y al otro de° lengua suelta,° me mataban de hambre, aquéllos es justo desamar,° y aquéste es 'de haber mancilla .°"

Dios es testigo que hoy día, cuando topo con alguno de su hábito con aquel paso y pompa, le he° lástima, con pensar si padece lo que aquél le vi sufrir. Al cual, con toda su pobreza, holgaría de servir más que a los otros, por lo que he dicho. Sólo tenía dél un poco de descontento: que quisiera yo que no tuviera tanta presunción,° mas que abajara° un poco su fantasía° con lo mucho que subía su necesidad. Mas, según me parece, es regla° ya entre ellos usada y guardada: aunque no haya cornado de trueco,[71] ha de andar 'el birrete en su lugar.° 'El Señor lo remedie,° que ya con este mal° han de morir.

i.e., *escudero*
wretched
improvement
pasase ***bien***
the top, go to the bathroom; I unfolded; pouch, velvet; smooth
miserable, miserly
by, glib
not to love, have pity
tengo
pride, lower
conceit
habit
the proper appearance; may God help him, illusion of grandeur

[64] **Paso contado...** *measured gait, aimlessly*
[65] **Teniendo...** *taking advantage of poor Lázaro*
[66] **Viniese...** *I bumped into*
[67] **Salir...** *clear up any doubt*
[68] **Hecha...** *folded a hundred times*
[69] **Ni señal...** *nor any sign that it had had any for a long time*
[70] **Uno de...** *in his profession*
[71] **No haya...** *he didn't have a red cent*

Pues, estando yo en tal estado, pasando la vida que digo quiso mi mala fortuna (que de perseguirme no era satisfecha) que en aquella trabajada° y vergonzosa vivienda° no durase. Y fue, como el año en esta tierra fuese estéril de pan,[72] acordaron el Ayuntamiento que todos los pobres extranjeros se fuesen de la ciudad, 'con pregón° que el que de allí adelante topasen fuese punido° con azotes. Y ansí, ejecutando la ley, desde° a cuatro días que el pregón se dio, vi llevar° una procesión de pobres azotando° por las 'Cuatro Calles.[73] Lo cual me puso tan gran espanto que nunca osé 'desmandarme a demandar.°

laborious, way of life; with the proclamation; punished; after, coming; being beaten; go out and beg

Aquí viera, quien vello pudiera,[74] la abstinencia de mi casa y la tristeza y silencio de los moradores° della, tanto, que nos acaeció° estar dos o tres días sin comer bocado ni hablar palabra. A mí diéronme la vida unas mujercillas hilanderas° de algodón,° que hacían bonetes° y vivían 'par de° nosotros, con las cuales yo tuve vecindad y conocimiento.[75] Que de la laceria que les traían me daban alguna cosilla, con la cual 'muy pasado me pasaba.°

inhabitants; happened; weavers, cotton, bonnets; next to; I just about got by

Y no tenía tanta lástima de mí como del lastimado de mi amo, que en ocho días maldito el bocado que comió.[76] 'A lo menos° en casa bien° los estuvimos sin comer. No sé yo cómo o dónde andaba, y qué comía. ¡Y verle venir a mediodía la calle abajo, con estirado° cuerpo, más largo que galgo de 'buena casta!° Y por lo que tocaba a su negra, que dicen honra, tomaba una paja,° de las que aun asaz no había en casa,[77] y salía a la puerta escarbando° los° que nada entre sí tenían, quejándose todavía de aquel 'mal solar,° diciendo:

at least; indeed; very erect; pedigree; straw; picking, i.e. teeth; unlucky location

"'Malo está de ver que la desdicha desta vivienda lo hace.[78] Como ves, es lóbrega,° triste, obscura. Mientras aquí estuviéremos, hemos de padecer. Ya deseo que se acabe este

gloomy

[72] **Estéril...** *very por harvest, the city government decreed*

[73] Cuatro Calles is a square in Toledo near the cathedral where punishments were carried out.

[74] **Aquí...** *whoever would see it, might see*

[75] **Yo tuve...** *I was their neighbor and knew them*

[76] **Maldito...** *he didn't eat a crumb*

[77] **Aun asaz...** *there weren't many at home*

[78] **Malo....** *It is awful to see the misfortune that this house brings with it*

mes por salir della."

Pues, estando en esta afligida y hambrienta° persecución, un día, no sé por cuál dicha[79] o ventura, en el pobre poder° de mi amo entró un real. Con el cual él vino a casa tan ufano° como si tuviera el tesoro de Venecia[80] y, con gesto muy alegre y risueño,° me lo dio, diciendo:

"Toma, Lázaro, que Dios ya va abriendo su mano. Ve a la plaza y merca° pan y vino y carne; '¡quebremos el ojo al diablo![81] Y más te hago saber, porque te huelgues,[82] que he alquilado otra casa, y en esta desastrada° no hemos de estar más de en cumpliendo el mes.[83] ¡Maldita sea ella y el que en ella puso la primera teja,° que con mal en ella entré![84] Por nuestro Señor, cuanto ha que en ella vivo,[85] gota de vino ni bocado de carne no he comido, ni he habido descanso ninguno; mas, ¡tal vista° tiene y tal obscuridad y tristeza! Ve y ven presto,° y comamos hoy como condes."

Tomo mi real y jarro y, a los pies dándoles priesa, comienzo a subir mi calle, encaminando mis pasos[86] para la plaza, muy contento y alegre. Mas ¿qué me aprovecha, 'si está constituido° en mi triste fortuna que ningún gozo me venga sin zozobra?° Y así fue éste. Porque, yendo la calle arriba, 'echando mi cuenta° en lo que le emplearía, 'que fuese° mejor y más provechosamente gastado, dando infinitas gracias a Dios que a mi amo había hecho con dinero,[87] 'a deshora° me vino al encuentro un muerto, que por la calle abajo muchos clérigos y gente en unas andas° traían.

Arriméme° a la pared, por darles lugar[88] y, desque el cuerpo pasó, venía luego 'par del° lecho una que debía ser su mujer del difunto, 'cargada de luto° (y con ella otras muchas

hungry
possession
proud
smiling
buy
ill-fated [house]
tile
appearance
quickly
if it's destined
trouble
calculating, so it would be
unexpectedly
litter
I pressed myself
even with
dressed in mourning

[79] **cual...** *what good fortune*
[80] **Tesoro...** Traditional expression of great wealth.
[81] **¡Quebremos...** *Let's shoot the whole wad, i.e. spend the whole amount.*
[82] **Porque...** *to please you*
[83] **Cumpliendo...** *to the end of the month*
[84] **Con mal...** *I came in at a bad time*
[85] **Cuanto ha...** *as long as I have lived in it*
[86] **Encaminado...** *directing my steps*
[87] **Que a mi...** *had made my master wealthy*
[88] **por darles...** *to let them pass*

mujeres), la cual iba llorando a grandes voces, y diciendo:

"Marido y señor mío, ¿adónde 'os me llevan°? ¡A la casa triste y desdichada, a la casa lóbrega y obscura, a la casa donde nunca comen ni beben!"

Yo que aquello oí, juntóseme el cielo con la tierra,[89] y dije:

"¡Oh, desdichado de mí! Para mi casa llevan este muerto."

Dejo el camino que llevaba, y hendí por medio de la gente,[90] y vuelvo por la calle abajo a todo el más correr que pude[91] para mi casa. Y entrando en ella, cierro a grande priesa, invocando el auxilio y favor de mi amo, abrazándome dél,[92] que me venga a ayudar y a defender la entrada. El cual algo alterado,° pensando que fuese otra cosa, me dijo:

"¿Qués° eso, mozo? ¿Qué voces das? ¿Qué has? ¿Porque cierras la puerta con tal furia?"

"¡Oh, señor!" dije yo "¡acuda° aquí, que nos traen acá un muerto!"

"¿'Cómo así°?" respondió él.

"Aquí arriba lo encontré, y venía diciendo su mujer: 'Marido y señor mío, ¿adónde os llevan? ¡A la casa lóbrega y obscura, a la casa triste y desdichada, a la casa donde nunca comen ni beben!' Acá, señor, nos le traen."

Y ciertamente, cuando mi amo esto oyó, aunque no tenía por qué estar muy risueño,° rió tanto que muy gran rato estuvo sin poder hablar. En este tiempo tenía ya yo 'echada el aldaba° a la puerta, y puesto el hombro en ella por más defensa. Pasó la gente con su muerto, y yo todavía 'me recelaba° que nos le habían de meter en casa. Y desque fue ya más harto de reír que de comer,[93] el bueno de mi amo díjome:

"Verdad es, Lázaro, según la viuda lo va diciendo, tú tuviste razón de pensar lo que pensaste; mas, pues Dios lo ha hecho mejor[94] y pasan adelante, abre, abre, y ve por de comer."

- taking you from me
- disturbed
- *¿Qué es*
- come
- How is that possible?
- cheerful
- bolted
- feared

[89] **Juntóseme...** *my world fell apart*
[90] **Hendí por...** *I cut through the group of mourners*
[91] **A todo el...** *running as fast as I could*
[92] **Abrazándome...** *holding tightly to him*
[93] **Harto...** *more full from laughing than from eating*
[94] **Pues Dios...** *since it is God's will*

"Dejálos, señor, acaben de pasar la calle,"[95] dije yo.
Al fin vino mi amo a la puerta de la calle, y ábrela esforzándome, que bien era menester, según el miedo y alteración,° y me torno a encaminar. — distress

5 Mas, aunque comimos bien aquel día, maldito el gusto yo tomaba en ello, ni en aquellos tres días torné en mi color.[96] Y mi amo muy risueño, todas las veces que se le acordaba aquella mi consideración.° — observation

De esta manera estuve con mi tercero y pobre amo, que fue 10 este escudero, algunos días, y en todos deseando saber la intención de su venida y estada[97] en esta tierra. Porque, desde el primer día que con él asenté,° le conocí ser extranjero, por el poco conocimiento y trato° que con los naturales della tenía. — entered his service; dealings

Al fin 'se cumplió° mi deseo y supe° lo que deseaba. 15 Porque un día que habíamos comido razonablemente y estaba algo contento, contóme su hacienda[98] y díjome ser de 'Castilla la Vieja,[99] y que había dejado su tierra 'no más de° por no quitar el bonete a un caballero, su vecino. — was fulfilled, I found out; only

"Señor," dije yo, si él era lo que decís, y tenía más que 20 vos, '¿no errábades en quitárselo primero?[100] pues decís que él también os lo quitaba."

"Sí es, y sí tiene, y también me lo quitaba él a mí. Mas, de cuantas veces yo se le quitaba primero, no fuera malo comedirse él alguna, y ganarme por la mano."[101]

25 "Paréceme, señor," le dije yo, "que en eso no mirara, mayormente con mis mayores que yo[102] y que tienen más."

"Eres mochacho," me respondió, "y no sientes° las cosas de la honra, en que el día de hoy está todo el caudal° de los hombres de bien. Pues, hágote saber[103] que yo soy, como ves, 30 un escudero; mas vótote° a Dios, si al conde topo en la calle y — sense; wealth; I swear

[95] **Acaben...** *they have just gone down the street*
[96] **Torné...** *did my color come back*
[97] **Intención...** *reason for his coming and stay*
[98] **Contóme...** *he gave me an account of his affairs*
[99] Castilla la Vieja is the central province of Spain where the Castillian language originated.
[100] **No...** *Did you not err in [not] taking it off first.*
[101] **Comedirse...** *being polite once, and anticipate my doing it*
[102] **En eso...** *I would not consider that especially with my betters.*
[103] **Hágote...** *I'll have you know*

no me quita muy bien quitado[104] del todo el bonete que, otra vez que venga, 'me sepa yo° entrar en una casa, fingiendo° yo en ella algún negocio, o atravesar otra calle, si la hay, antes que llegue a mí, por no quitárselo. Que un hidalgo 'no debe° a otro que a Dios y al rey nada, ni es justo, siendo hombre de bien, se descuide un punto de tener en mucho su persona.[105] Acuérdome que un día deshonré en mi tierra a un oficial, y quise poner en él las manos, porque cada vez que le topaba me decía: "Mantenga Dios a vuestra merced."[106] "Vos, don villano ruin°" le dije yo "¿por qué no sois bien criado?"° ¿"Manténgaos Dios," me habéis de decir, como si fuese quienquiera?° De allí adelante, de aquí acullá[107] me quitaba el bonete, y hablaba como debía."

"¿Y no es buena manera de saludar un hombre a otro," dije yo, "decirle que le mantenga Dios?"

"¡Mira 'mucho de enhoramala!°" dijo él. "A los hombres de poca arte° dicen eso; mas a los más altos, como yo, no les han de hablar menos de: 'Beso las manos de vuestra merced,' o por lo menos: 'Bésoos, señor, las manos,' si el que me habla es caballero. Y ansí, de aquel de mi tierra que me atestaba de mantenimiento,[108] nunca más le quise sufrir, ni sufriría, ni sufriré a hombre del mundo, del rey abajo, que 'Manténgaos Dios' me diga."

"Pecador de mí" dije yo, "por eso tiene tan poco cuidado de mantenerte, pues no sufres que nadie se lo ruegue."[109]

"Mayormente," dijo, "que no soy tan pobre que no tengo en mi tierra un 'solar de casas,° que a estar ellas en pie[110] y bien labradas° (diez y seis leguas de donde nací, en aquella 'Costanilla[111] de Valladolid), valdrían más de doscientos mil maravedís, según se podrían hacer[112] grandes y buenas. Y tengo un palomar° que, a no estar derribado°como está, da-

I'll know how, pretending
owes nothing
vile peasant, mannered
just anybody
confound you
breeding
manor
constructed
dovecote, in ruins

[104] **Muy...** *really take off*
[105] **Se descuide...** *not belittle himself one iota*
[106] **Mantenga...** *may God keep you*
[107] **De allí adelante...** *from then on*
[108] **Que me atestaba...** *who stuffed me with his* ***mantenga Dios***
[109] **Pues no...** *since you don't let anyone wish it for you*
[110] **A estar...** *if they were standing*
[111] Costanilla is one of the main streets of Valladolid.
[112] **Según...** *since they could be made*

ría cada año más de doscientos palominos. Y otras cosas, que 'me callo,° que dejé por lo que tocaba a mi honra." — I don't mention

Y vine a esta ciudad, pensando que hallaría un buen asiento,° mas no me ha sucedido como pensé. Canónigos y señores de la iglesia, muchos hallo; mas es gente tan limitada° que no los sacarán de su paso todo el mundo.[113] 'Caballeros de media talla° también me ruegan; mas servir a éstos es gran trabajo. Porque 'de hombre° os habéis de convertir en malilla[114] y, si no, «Andá con Dios,»° os dicen. Y las más veces son los pagamentos a largos plazos[115] y, las más y las más ciertas, comido por servido.[116] Ya cuando quieren 'reformar conciencia° y satisfaceros vuestros sudores,° sois librado en la recámara,[117] en un sudado jubón o raída° capa o sayo. Ya, cuando asienta hombre con un señor de título, todavía pasa su laceria. Pues, ¿por ventura no hay en mí habilidad para servir y contentar° a éstos? Por Dios, si con él topase, muy gran su privado° pienso que fuese, y que mil servicios le hiciese, porque yo sabría mentille tan bien como otro, y agradalle a las mil maravillas.[118] 'Reílle hía° mucho sus donaires y costumbres,[119] aunque no fuesen las mejores del mundo. Nunca decille cosa con que le pesase,° aunque mucho le cumpliese.° Ser muy diligente en su persona,° en 'dicho y hecho.° No me matar por no hacer bien las cosas que él no había de ver. Y 'ponerme a reñir,° donde él lo oyese, con 'la gente de servicio,° porque pareciese tener gran cuidado de lo que a él tocaba.[120] Si riñese con alguno su criado, dar unos puntillos agudos[121] para le encender° la ira, y que pareciesen en favor del culpado.° Decirle bien de lo que bien le estuviese[122] y, por el contrario, ser malicioso, mofador,° malsinar° a los de casa y a los de fuera, pesquisar° y procurar

situation; miserly; lesser nobles; from being a man; good-bye; make restitution, toil; threadbare; satisfy; valet; *le reiría*; upset; benefit, service; word and deed; began to quarrel; servants; increase; guilty one; mocker; slander, investigate

[113] **No los...** *no one can make them change their ways*
[114] **En malilla** *jack-of-all-trades*
[115] **Los pagamentos...** *salary comes late*
[116] **Las más...** *the only thing certain for your salary is food*
[117] **Librado en...** *compensated from the wardrobe*
[118] **Agradalle...** *to please him marvelously well*
[119] **Donaires...** *witty remarks and mannerisms*
[120] **Tener gran...** *I am very careful about what pertains to him*
[121] **dar unos...** *I would add cutting remarks*
[122] **Decirle bien...** *to speak well about what he liked*

de saber vidas ajenas para contárselas; y otras muchas galas desta calidad[123] que hoy día se usan en palacio y a los señores dél° parecen bien. Y no quieren ver en sus casas hombres virtuosos; antes los aborrecen y tienen en poco,[124] y llaman 5 necios,° y que no son personas de negocios, 'ni con quien el señor se puede descuidar.° Y con éstos los astutos usan,[125] como digo, el día de hoy, de lo que yo usaría; mas no quiere mi ventura que le° halle.

del *palacio*
stupid
nor whom the master can; trust
him

Desta manera lamentaba también su adversa fortuna mi 10 amo, dándome relación de su persona valerosa.°

worthy

Pues, estando en esto, entró por la puerta un hombre y una vieja. El hombre le pide el alquiler de la casa, y la vieja el de la cama. Hacen cuenta,[126] y de dos meses le alcanzaron lo que él en un año no alcanzara.[127] Pienso que fueron doce 15 o trece reales. Y él les dio muy buena respuesta: que saldría a la plaza a trocar° una 'pieza de a dos,° y que a la tarde volviesen. Mas su salida° fue sin vuelta.°

exchange, doubloon
detarture, return

Por manera que a la tarde ellos volvieron; mas fue tarde. Yo les dije que aun no era venido. Venida la noche, y él no, 20 yo hube miedo de quedar en casa solo, y fuíme a las vecinas, y contéles el caso, y allí dormí.

Venida la mañana, los acreedores° vuelven y preguntan por el vecino; mas, a 'estotra puerta.° Las mujeres les responden: "Veis aquí su mozo y la llave de la puerta."

creditors
another house

25 Ellos me preguntaron por él, y díjeles que no sabía adónde estaba, y que tampoco había vuelto a casa desque salió a trocar la pieza, y que pensaba que de mí y de ellos 'se había ido con el trueco.°

not to return

De que esto me oyeron, van por un alguacil° y un 30 escribano.° Y helos do[128] vuelven luego con ellos, y toman la llave, y llámanme, y llaman testigos, y abren la puerta, y entran a 'embargar la hacienda° de mi amo hasta ser pagados de su deuda.° Anduvieron toda la casa, y halláronla desem-

bailiff
scribe
confiscate the possessions; debt

[123] **Galas...** *tidbits like this*
[124] **Tienen...** *consider them inferior*
[125] **Con éstos...** *this is what the clever ones do*
[126] **Hacen...** *they do an acounting*
[127] **La alcanzaron...** *what he owed was more than he earned in a year*
[128] **Helos...** *here they are*

barazada,° como he contado, y dícenme: "¿Qués de la hacienda de tu amo, sus arcas y 'paños de pared° y 'alhajas de casa?°" — empty; wall hangings; furnishings

"No sé yo eso," les respondí.

5 "Sin duda," dicen ellos, "esta noche lo deben de haber 'alzado y llevado° a alguna parte. Señor alguacil, prended a este mozo, que él sabe dónde está." — carried them off

En esto vino el alguacil, y echóme mano por el collar del jubón, diciendo:

10 "Mochacho, tú eres preso si no descubres° los bienes deste tu amo." — disclose

Yo, como en 'otra tal° no me hubiese visto (porque asido del collar, sí, había sido muchas veces; mas era mansamente° dél trabado° para que mostrase el camino al que no vía), yo 15 hube mucho miedo, y llorando prometíle de decir lo que me preguntaban. — such a situation; gently; held

"Bien está," dicen ellos. "Pues di lo que sabes y no hayas temor. Sentóse el escribano en un poyo para escribir el inventario, preguntándome qué tenía."

20 "Señores," dije yo, "lo que este mi amo tiene, según él me dijo, es un muy buen solar de casas y un palomar derribado."

"Bien está, dicen ellos. "'Por poco que eso valga, hay para nos entregar de la deuda.[129] ¿Y a qué parte de la ciudad tiene 25 eso?" me preguntaron."

"En su tierra," les respondí.

"Por Dios, que está bueno el negocio,"[130] dijeron ellos. "¿Y adónde es su tierra?"

"De Castilla la Vieja me dijo él que era," les dije.

30 Riéronse mucho el alguacil y el escribano, diciendo: "Bastante relación es ésta para cobrar vuestra deuda, aunque mejor fuese."[131]

Las vecinas, que estaban presentes, dijeron: "Señores, éste es un niño inocente, y ha° pocos días que está con ese 35 escudero, y no sabe dél más que vuestras mercedes; sino° — *hace*; besides

[129] **Por....** *However little it may be worth, there's enough to pay off his debt*

[130] **Está....** *That's a fine deal (ironically).*

[131] **Bastante...** *Not quite enough information to repay your debt. It wouldn't hurt to have a little more.*

cuanto el pecadorcico° se llega aquí a nuestra casa, y le damos de comer lo que podemos, por amor de Dios, y a las noches se iba a dormir con él."

Vista mi inocencia, dejáronme, dándome por libre.° Y el alguacil y el escribano piden al hombre y a la mujer sus derechos.° Sobre lo cual tuvieron gran contienda° y ruido. Porque ellos alegaron no ser obligados a pagar, pues no había de qué ni se hacía el embargo.[132] Los otros decían que habían dejado de ir[133] a otro negocio que les importaba más,[134] por venir a aquél.

Finalmente, después de dadas muchas voces,° al cabo carga° un porquerón° con el viejo alfamar° de la vieja; aunque no iba muy cargado.° Allá van todos cinco dando voces. No sé en qué paró.° Creo yo que el pecador alfamar pagara por todos. Y bien se empleaba, pues el tiempo que había de reposar y descansar de los trabajos pasados, se andaba alquilando.[135]

Así, como he contado, me dejó mi pobre tercero amo, do acabé de conocer mi ruin dicha.[136] Pues, señalándose todo lo que podía contra mí, hacía mis negocios tan al revés[137] que los amos, que suelen ser dejados de los mozos, en mí no fuese así,[138] mas que mi amo me dejase y huyese de mí.

little sinner

free

fees, argument

shouts

carries, bailiff, bedding; burdened

wound up

[132] **No había...** *There was no reason to, nor was the attachment (of the squire's property) made.*

[133] **Habían dejado...** *They [the* **alguacil** *and the* **escribano***) had not gone*

[134] **Importaba...** *was more important*

[135] **Y bien...** *It was well used since the time it should have rested it went around being rented.*

[136] **Do....** *Where I ended up knowing my miserable fate.*

[137] **Señalándose...** *(My miserable fate) continuing to work against me turned my affairs upside down.*

[138] **En mí...** *it was not so in my case*

Tratado Cuarto: Cómo Lázaro se asentó con un fraile de la Merced, y de lo que le acaeció con él

5 HUBE DE BUSCAR el cuarto, y éste fue un fraile de la Merced, que las mujercillas 'que digo° 'me encaminaron.° Al cual ellas le llamaban pariente.° Gran enemigo del coro[1] y de comer en el convento, 'perdido por° andar fuera, amicísimo de negocios seglares[2] y 10 visitar. Tanto, que pienso que rompía° él más zapatos que todo el convento. Éste me dio los primeros zapatos que rompí en mi vida; mas no me duraron 'ocho días.° Ni yo pude con su trote° 15 durar más. Y por esto, y por otras cosillas° que no digo, salí dél.

that I mentioned, guided me; relative; madly fond of; wore out; one week, comings and goings; trifles

[1] **Coro** *choir.* Here it refers to the duties of prayer.
[2] **Amicísimo...** *very fond of worldly pursuits*

Tratado Quinto: Cómo Lázaro se asentó con un buldero,° y de las cosas que con él pasó

seller of indulgences

EN EL QUINTO por mi ventura di,° que fue un buldero, el más 'desenvuelto y desvergonzado,° y el mayor echador° dellas que jamás yo vi, ni ver espero, ni pienso nadie vio. Porque tenía y buscaba modos y maneras y muy sotiles invenciones.° En entrando en los lugares do habían de presentar la bula, primero presentaba a los clérigos o curas algunas cosillas, no tampoco de mucho valor ni sustancia: una lechuga murciana,[1] si era por el tiempo, un par de limas o naranjas, un melocotón, un par de duraznos,[2] cada sendas° peras verdiñales.° Así procuraba tenerlos propicios° porque favoreciesen su negocio y llamasen sus feligreses,° a tomar° la bula.°

I met; bold and shameless, seller; tricks; one for each, green; inclined; parishioners; buy, indulgence

Ofreciéndosele a él las gracias, informábase de la suficiencia dellos.[3] Si decían que entendían, no hablaba palabra en latín por no 'dar tropezón;° mas 'aprovechábase

to slip up

[1] **Una lechuga murciana** *is a head of lettuce from Murcia, reputed to be the best quality.*
[2] **Un melocotón...** *a cling peach or a couple of freestone peaches*
[3] **Ofreciéndosele...** *They thanked him for it and he learned of their caliber*

de° un gentil y bien cortado romance y desenvoltísima lengua.[4] Y si sabía que los dichos clérigos eran de los reverendos, digo que más con dineros que con letras y con reverendas[5] se ordenan, hacíase° entre ellos un Santo Tomás, y hablaba dos horas en latín. 'A lo menos° que lo parecía, aunque no lo era.

made use of; he acted like; at least

Cuando 'por bien° no le tomaban las bulas, buscaba cómo 'por mal° se las tomasen. Y para aquello 'hacía molestias° al pueblo, y otras veces con 'mañosos artificios.° Y porque todos los que le veía hacer sería largo° de contar, diré uno muy sutil y donoso,° con el cual probaré bien su suficiencia.

willingly; unwillingly, made trouble; crafty tricks; long; amusing

En un lugar de la Sagra de Toledo[6] había predicado° dos o tres días, haciendo° sus acostumbradas diligencias,° y no le habían tomado bula, ni 'a mi ver° tenían intención de se la tomar. Estaba 'dado al diablo con° aquello y, pensando qué hacer, se acordó de convidar al pueblo,[7] para otro día de mañana despedir° la bula.

preached; using, strategies; in my opinion; angry about; sell

Y esa noche, después de cenar, pusiéronse a jugar la colación él y el alguacil.[8] Y sobre° el juego vinieron a reñir° y a haber 'malas palabras.° Él llamó al alguacil ladrón, y el otro a él falsario.° 'Sobre esto,° el señor comisario, mi señor, tomó un lanzón,° que en el portal° do jugaban estaba. El alguacil puso mano a su espada, que en la cinta° tenía.

during, quarrel; heated exchange; swindler, right then; lance, vestibule; belt

Al ruido y voces que todos dimos, acuden° los huéspedes y vecinos y 'métense en medio.° Y ellos, muy enojados, procurándose de desembarazar° de los que en medio estaban, para se matar. Mas, como la gente al gran ruido cargase° y la casa estuviese llena della, viendo que no podían afrentarse° con las armas, decíanse palabras injuriosas. Entre las cuales el alguacil dijo a mi amo que era falsario y las bulas, que predicaba, que eran falsas.

come; intervened; rid themselves; swarmed; attack each other

[4] **Gentil...** *genteel and carefully spoken Spanish and a very smooth language*

[5] **Reverendas**. These are letters from a bishop which authorize the ordination or appointment of a priest. The letters begin with the phrase **"Reverendo en Cristo Padre..."** See *Covarrubias*, p. 864, ed. Felipe C. R. Maldonado, rev. by Manuel Camarero, 2nd corrected ed. 1995.

[6] Sagra de Toledo is a region to the northwest of Toledo and a stop on the way to Madrid.

[7] **Se acordó...** *he decided to invite the people*

[8] **Pusiéronse...** *he and the bailiff began to play for dessert*

Finalmente, que los del pueblo, viendo que no bastaban a ponellos en paz,[9] acordaron de llevar al alguacil de la posada a otra parte. Y así quedó mi amo muy enojado. Y después que los huéspedes y vecinos le hubieron rogado que
5 perdiese el enojo[10] y se fuese a dormir, se fue, y así nos echamos todos.[11]

La mañana venida, mi amo se fue a la iglesia, y mandó tañer a misa y al sermón[12] para despedir la bula. Y el pueblo se juntó. El cual andaba murmurando° de las bulas, diciendo
10 cómo eran falsas, y que el mismo alguacil riñendo lo había descubierto. De manera que, atrás que tenían mala gana de tomalla,[13] con aquello 'del todo° la aborrecieron.°

El señor comisario se subió al púlpito, y comienza su sermón, y a animar° la gente a que no quedasen sin tanto
15 bien y indulgencia como la santa bula traía.

Estando en lo mejor del sermón, entra por la puerta de la iglesia el alguacil y, desque hizo oración, levantóse y, con voz alta y pausada, cuerdamente° comenzó a decir: "Buenos hombres, oídme una palabra, que después oiréis a quien
20 quisiéredeis.° Yo vine aquí con este echacuervo° que os predica. El cual me engañó, y dijo que le favoreciese en este negocio, y que partiríamos° la ganancia.° Y agora, visto el daño que haría a mi conciencia y a vuestras haciendas,° arrepentido de lo hecho, os declaro claramente que las bulas
25 que predica son falsas, y que no le creáis ni las toméis, y que yo *directe ni indirecte*[14] no soy parte en ellas, y que desde agora dejo la vara y doy con ella en el suelo.[15] Y si en algún tiempo éste fuere castigado por la falsedad, que vosotros me seáis testigos como yo no soy con él ni le doy a ello ayuda;
30 antes 'os desengaño° y declaro su maldad."°

Y acabó su razonamiento.°

Algunos hombres honrados que allí estaban se quisieron

mumbling
completely, detested
encourages
cleverly
you might wish, swindler
we would share, profit; wealth
I set you right, wickedness; speech

[9] **No bastaban...** *could not calm them down*

[10] **Perdiese...** *he not be angry*

[11] **Nos echamos...** *we all went to bed*

[12] **Tañer...** *to ring the bells for mass and for a sermon*

[13] **De manera...** *So, aside from being unwilling to buy it*

[14] **Directe...** *directly or indirectly,* a typical legal formula taken from Latin.

[15] **Dejo la vara...** *I'll put aside my staff of office and throw it to the ground*

levantar y echar al alguacil fuera de la iglesia, por evitar escándalo. Mas mi amo les 'fue a la mano° y mandó a todos que 'so pena de° excomunión no le estorbasen; mas que le dejasen decir todo lo que quisiese. Y así él también tuvo silencio mientras el alguacil dijo todo lo que he dicho.

forebade
under penalty of

Como calló, mi amo le preguntó si quería decir más, que lo dijese. El alguacil dijo: "'Harto más° hay que decir de vos y de vuestra falsedad; mas por agora basta."

much more

El señor comisario se hincó de rodillas en el púlpito y, puestas las manos y mirando al cielo, dijo así: "Señor Dios, a quien ninguna cosa es escondida, antes todas manifiestas, y a quien nada es imposible, antes todo posible, Tú sabes la verdad, y cuán injustamente yo soy afrentado.° 'En lo que a mí toca,° yo le perdono, porque Tú, Señor, me perdones. No mires° a aquél que no sabe lo que hace ni dice; mas la injuria° a Ti hecha, Te suplico, y por justicia Te pido, no disimules.° Porque alguno que está aquí, que por ventura pensó tomar aquesta santa bula, dando crédito a las falsas palabras de aquel hombre lo 'dejara° de hacer. Y, pues es tanto perjuicio del prójimo,[16] Te suplico yo, Señor, no lo disimules; mas luego muestra aquí milagro, y sea desta manera: que si es verdad lo que aquél dice, y que yo traigo maldad y falsedad, este púlpito 'se hunda° conmigo y meta siete estados[17] debajo de tierra, do él ni yo jamás parezcamos; y, si es verdad lo que yo digo, y aquél, persuadido del demonio, por quitar y privar a los que están presentes de tan gran bien, dice maldad, también sea castigado, y de todos conocida su malicia.°"

insulted
as for me
judge
insult
overlook
would not
may [the pulpit] sink
malice

Apenas había acabado su oración el devoto señor mío, cuando el negro alguacil cae de su estado, y da tan gran golpe en el suelo[18] que la iglesia toda hizo resonar,° y comenzó a bramar° y 'echar espumajos° por la boca, y torcella,° y 'hacer visajes° con el gesto, dando de pie y de mano, revolviéndose por[19] aquel suelo a una parte y a otra.

resound
roar, foam
twist it, grimace

[16] **Perjuicio...** *harmful to his neighbor*
[17] **Estado** is the measure of the height of a man.
[18] **Cae de su...** *fell in his tracks and hit the floor so hard*
[19] **Dando...** *striking blows with hands and feet, rolling around*

El estruendo° y voces° de la gente era tan grande que no se oían unos a otros. Algunos estaban espantados° y temerosos;° unos decían: — noise, shouts; frightened; fearful

"El Señor le 'socorra y valga.°" — help and protect

5 Otros: "Bien se le emplea,° pues levantaba° tan falso testimonio." — he deserves it, bore

Finalmente, algunos que allí estaban (y a mi parecer, no sin harto temor) se llegaron, y le trabaron° de los brazos, con los cuales daba fuertes puñadas° a los que cerca dél estaban. 10 Otros le tiraban° por las piernas, y 'tuvieron reciamente,° porque no había mula falsa en el mundo que tan recias° coces tirase.° Y así le tuvieron un gran rato. Porque más de quince hombres estaban sobre él, y a todos daba las manos llenas y, si se descuidaban en los hocicos.[20] — held; punches; dragged, held; firmly; strong; gave

15 A todo esto, el señor mi amo estaba en el púlpito 'de rodillas,° las manos y los ojos puestos en el cielo, transportado° en la divina esencia, que el planto° y ruido y voces que en la iglesia había 'no eran parte para° apartarle de su divina contemplación. — kneeling; rapt, uproar; couldn't

20 Aquellos buenos hombres llegaron a él, y dando voces le despertaron, y le suplicaron° quisiese socorrer a aquel pobre que estaba muriendo, y que no mirase a las cosas pasadas ni a sus 'dichos malos,° pues ya dellos tenía el pago;° mas, si en algo podría aprovechar° para librarle del peligro y pasión 25 que padecía, por amor de Dios lo hiciese, pues ellos veían clara la culpa del culpado,° y la verdad y bondad suya, pues a su petición y venganza el Señor no alargó° el castigo. — begged; lies, punishment; help; guilty one; delay

El señor comisario, como quien despierta de un dulce sueño, los miró, y miró al delincuente, y a todos los que 30 alrededor estaban, y muy pausadamente° les dijo: "Buenos hombres, vosotros nunca habíades de rogar por un hombre en quien Dios tan señaladamente se ha señalado;[21] mas pues Él nos manda que no 'volvamos mal° por mal y perdonemos las injurias, con confianza podremos suplicalle que cumpla lo que 35 nos° manda, y Su Majestad perdone a éste que le ofendió poniendo en Su santa fe obstáculo. Vamos todos a suplicalle." — slowly; return evil; *Dios nos*

[20] **Y a todos...** *all had their hands full and, if they didn't watch out, they got it in the nose*

[21] **Señaladamente...** *obviously revealed himself*

Y así bajó del púlpito, y encomendó° a que muy devotamente suplicasen a nuestro Señor 'tuviese por bien° de perdonar a aquel pecador, y volverle en su salud y sano juicio, y lanzar° dél el demonio, si Su Majestad había permitido que por su gran pecado en él entrase.[22]

Todos se hincaron de rodillas y, delante del altar con los clérigos, comenzaban a cantar con voz baja una letanía.° Y viniendo él con la cruz y agua bendita,° después de haber sobre él cantado, el señor mi amo, puestas° las manos al cielo; y los ojos que casi nada se le parecía sino un poco de blanco,° comienza una oración no menos larga que devota, con la cual hizo llorar a toda la gente (como suelen hacer en los sermones de pasión, de predicador y auditorio devoto),[23] suplicando a nuestro Señor, pues no quería la muerte del pecador, sino su vida y arrepentimiento,[24] que aquél, encaminado° por el demonio y 'persuadido de° la muerte y pecado, le quisiese perdonar y dar vida y salud, para que se arrepintiese y confesase sus pecados.

Y esto hecho, mandó traer la bula, y púsosela en la cabeza.[25] Y luego el pecador del alguacil comenzó poco a poco a estar mejor y 'tornar en sí.° Y desque fue bien vuelto en su acuerdo, echóse[26] a los pies del señor comisario, y demandóle° perdón. Confesó haber dicho aquello por la boca y mandamiento° del demonio, lo uno por hacer a él daño y vengarse del enojo, lo otro y más principal,° porque el demonio 'recibía mucha pena° del bien' que allí se hiciera en tomar la bula.

El señor mi amo le perdonó, y fueron hechas las amistades entre ellos. Y a tomar la bula hubo tanta priesa que casi 'ánima viviente° en el lugar no quedó sin ella, marido y mujer, y hijos y hijas, 'mozos y mozas.°

Divulgóse la nueva de lo acaecido[27] por los 'lugares co-

urged; be willing; cast out; litany; holy; raised; white of his eyes; led, persuaded by; regain consciousness; he asked for his; order; important; was very hurt, good; no one; young people

[22] **En él...** *que el diablo entrase en él*

[23] **Pasión...** *Holy Week, with a preacher and a devout audience*

[24] See Ezequiel 33:11.

[25] The recipient of a papal bull placed it on his head as a sign of respect and reverence.

[26] **Bien vuelto...** *fully conscious, he threw himself*

[27] **Divulgóse...** *News of what happened spread*

marcanos° y, cuando a ellos llegábamos, no era menester° sermón ni ir a la iglesia, que a la posada la venían a tomar, como si fueran peras que se dieran 'de balde.° De manera que, en diez o doce lugares de aquellos alrededores donde fuimos, echó el señor mi amo otras tantas mil bulas sin predicar sermón.

nearby towns, necessary, free

Cuando se hizo el ensayo,° confieso mi pecado que también fui dello espantado, y creí que así era, como otros muchos. Mas, con ver después la risa y burla que mi amo y el alguacil llevaban y hacían del negocio, conocí cómo había sido industriado° por el industrioso° y inventivo de mi amo.

deception; engineered, tricky

Y aunque mochacho 'cayóme mucho en gracia,° y dije entre mí: "¡Cuántas destas° deben de hacer estos burladores entre la inocente gente!"

pleased me very much; i.e., ***burlas***

Finalmente, estuve con este mi quinto amo cerca de cuatro meses, en los cuales pasé° también 'hartas fatigas.°

suffered, many hardships

Tratado Sexto: Cómo Lázaro se asentó con un capellán,° y lo que con él pasó

chaplain

DESPUÉS DESTO, ASENTÉ con un maestro° de pintar panderos° para molelle° los colores, y también sufrí mil males.

master, drums; mix

Siendo ya en este tiempo buen mozuelo,° entrando un día en la ˈiglesia mayor,° un capellán della me recibió ˈpor suyo.° Y ˈpúsome en poder° un buen asno y cuatro cántaros° y un azote,° y comencé a echar° agua por la ciudad. Éste fue el primer escalón° que yo subí para venir a alcanzar[1] buena vida, porque mi boca era medida.[2] Daba cada día a mi amo treinta maravedís ganados, y los sábados ganaba para mí, y todo lo demás, entre semana, de treinta maravedís.[3]

young man; cathedral; in his service; he gave me; large pitchers, whip; sell; step

ˈFueme tan bien° en el oficio° que al cabo de cuatro años que lo usé,° con poner en la ganancia buen recaudo, ahorré[4] para me vestir muy honradamente° de la ropa vieja.° De la cual compré un jubón de fustán° viejo, y un sayo raído de manga tranzada y puerta,[5] y una capa que había sido frisada,° y una espada de las viejas primeras de Cuéllar.[6] Desque me vi en hábito de hombre de bien[7], dije a mi amo se tomase su asno, que no quería más seguir aquel oficio.[8]

I did so well, job; I did; honorably, used; cotton cloth; frizzled

[1] **Para venir...** *to finally attain*

[2] **Mi...** *My belly was full.*

[3] **Todo lo demás...** *And during the week, everything over thirty* maravedís *was mine.*

[4] **Con poner...** *I was very careful with my money and saved enough.*

[5] **Un sayo...** *a worn coat with braided sleeves and open collar*

[6] Cuéllar, in the province of Segovia, is where swords were made.

[7] **En hábito...** *dressed like a respectable man*

[8] **Oficio** here refers to his job as water seller, which was considered to be very menial work and is now beneath his dignity.

Tratado Séptimo: Cómo Lázaro se asentó con un alguacil, y de lo que le acaesció con él

5

DESPEDIDO DEL CAPELLÁN, asenté por 'hombre de justicia° con un alguacil. Mas muy poco viví con él, por parecerme oficio peligroso. Mayormente, que una noche nos corrieron a mí y a mi amo a pedradas y a palos unos retraídos.[1] Y a mi amo, que esperó,° trataron mal; mas a mí 'no me alcanzaron.° Con esto 'renegué del trato.°

bailiff

stayed behind

didn't catch me

I resigned

15 Y pensando en qué modo de vivir haría mi asiento[2] por tener descanso y ganar algo para la vejez,° quiso Dios alumbrarme° y ponerme en camino y 'manera provechosa.° Y con favor que tuve de amigos y señores, todos mis trabajos y fatigas, hasta entonces pasados, fueron pagados° con alcanzar° lo que procuré.° Que fue un oficio real, viendo que no hay nadie que medre,[3]° sino los que le tienen.

old age, enlighten me; a profitable life

rewarded, achieving, sought; prospers

En el cual el día de hoy vivo y resido a servicio de Dios y de vuestra merced. Y es que tengo cargo de pregonar° los vinos que en esta ciudad se venden, y en almonedas,° y cosas perdidas, acompañar los que padecen persecuciones por justicia y declarar a voces sus delitos: pregonero,° hablando 'en buen romance.°

announcing publicly; auctions

town crier

plainly

[1] **Mayormente...** *especially since one night certain fugitives chased us away with sticks and stones*

[2] **Qué modo...** *How to earn a steady living*

[3] **Que fue un...** This recalls the old saying: **"Iglesia o mar o casa real, Quienquiere medrar."** That is that the three most often chosen professions were the church, the sea [= commerce], or royal service.

Hame sucedido tan bien,[4] y yo le he usado tan fácilmente,° que casi todas las cosas 'al oficio tocantes° pasan por mi mano. Tanto, que en toda la ciudad el que ha de echar vino a vender o algo, si Lázaro de Tormes 'no entiende° en ello, hacen cuenta de no sacar provecho.[5]

En este tiempo, viendo mi habilidad y 'buen vivir,° 'teniendo noticia° de mi persona, el señor Arcipreste de San Salvador, mi señor, y servidor y amigo de vuestra merced, porque le pregonaba sus vinos, procuró° casarme con una criada suya. Y visto por mí que de tal persona no podía venir sino bien y favor, 'acordé de° lo hacer.

Y así me casé con ella, y hasta agora no estoy arrepentido.° Porque, allende de ser buena hija y diligente, servicial,° tengo en mi señor Arcipreste todo favor y ayuda. Y siempre en° el año le° da en veces al pie de una carga[6] de trigo, por las pascuas° su carne, y cuando° el par de los bodigos, las calzas viejas que deja. E hízonos alquilar una casilla 'par de° la suya. Los domingos y fiestas casi todas las comíamos en su casa.

Mas 'malas lenguas,° que nunca faltaron ni faltarán, no nos dejan vivir, diciendo no sé qué, y sí sé, que ven a mi mujer irle a hacer la cama, y 'guisalle de comer.° Y mejor les ayude Dios que ellos dicen la verdad.[7]

Porque, allende de no ser ella mujer que se pague destas burlas, mi señor me ha prometido lo que pienso cumplirá.° Que él me habló un día muy largo delante della, y me dijo: "Lázaro de Tormes, quien ha de mirar a dichos° de malas lenguas, nunca medrará.° Digo esto porque no me maravillaría alguno,° viendo entrar en mi casa a tu mujer y salir della. Ella entra muy a tu honra y suya, y esto te lo

deftly, delaing with this position
isn't involved
good way of life, noticing
endeavored
I agreed
sorry
helpful
during, her
holidays, other times
next to
gossips
cook his food
he will fulfill
words
will prosper
at all

[4] **Hame...** *everything has gone so well for me*

[5] **Hacen...** *They realize that they won't turn a profit*

[6] **En veces...***serreval times almost a* carga. **Carga** is a measure between 2.2 and 5.5 liters depending on the region.

[7] **Y mejor....** *And may God help them to tell the truth*

prometo. 'Por tanto,° no mires a lo que pueden decir; sino a lo que te toca,° digo a tu provecho." — therefore; concerns

"Señor," le dije, "yo determiné de arrimarme a los buenos. Verdad es que algunos de mis amigos me han dicho algo deso, y aun, por más de tres veces me han certificado que, antes que conmigo casase, 'había parido° tres veces, hablando con reverencia de vuestra merced, porque está ella delante." — had given birth

Entonces mi mujer echó juramentos sobre sí,[8] que yo pensé la casa 'se hundiera° con nosotros. Y después tomóse° a llorar y a echar maldiciones sobre quien conmigo la había casado. En tal manera que quisiera ser muerto, antes que se me hubiera soltado aquella palabra de la boca.[9] Mas yo de un cabo,° y mi señor de otro, tanto le dijimos y otorgamos° que cesó su llanto, con juramento, que le hice,[10] de nunca más en mi vida mentalle° nada de aquello, y que yo holgaba y había por bien[11] de que ella entrase y saliese, de noche y de día, pues estaba bien seguro de su bondad. Y así quedamos todos tres bien conformes.[12] — would sink, began; side, cajoled; mention to her

Hasta el día de hoy nunca nadie nos° oyó sobre° el caso; antes, cuando 'alguno siento° que quiere decir algo della, le atajo° y le digo: — from us, about; I sense that someone; cut off

"Mirá, si sois mi amigo, no me digáis cosa con que me pese,° que no tengo por mi amigo al que me hace pesar. Mayormente,° si me quieren 'meter mal° con mi mujer. Que es la cosa del mundo que yo más quiero, y la amo más que a mí. Y me hace° Dios con ella mil mercedes° y más bien que yo merezco. Que yo juraré sobre° la 'hostia consagrada° que es tan buena mujer 'como vive° dentro de las puertas de Toledo. Y quien otra cosa me dijere, yo 'me mataré° con él. — grieve; especially, cause problems; grants, blessings; by, sacred host; as any who lives; will fight

Desta manera no me dicen nada, y yo tengo paz en mi casa.

Esto fue el mesmo año que nuestro victorioso empera-

[8] **Echó juramentos...** cursed herself

[9] **En tal manera...** *So that I would have rather been dead than to have said such a thing.*

[10] **Con juramento...** *I swore to her*

[11] **Yo holgaba...** *I was pleased and considered it good*

[12] **Quedamos...** *we were all three in agreement*

dor[13] en esta insigne ciudad de Toledo entró y tuvo en ella Cortes, y se hicieron grandes regocijos° y fiestas, como vuestra merced 'habrá oído.°

celebrations

must have heard

Pues en este tiempo estaba en mi prosperidad, y en la
5 cumbre° de toda buena fortuna.

height

[13] The **emperador** here is Charles V who ruled from 1517-1556. The **Cortes** (Spanish parliament) in the next line is most probably the one of 1525.

Spanish-English Glossary

The specific meaning of words listed in the margin is given only once. If the word appears again with another meaning, it is listed again in the margin. However, we do not always remember the meanings listed in the margin, so this glossary will give all the meanings of the glossed words and indicate in which **tratado** that meaning occurs.

We also include some words you may or may not know so that you will not have to look them up in other dictionaries.

Adjectives are listed in the masculine singular form. Verbs are listed in the infinitive form, but we have also listed some past participles and some stranger, older forms (**trujo**) as well as variant infinitive forms (**estender**).

We do not list very common words unless they have an uncommon meaning, in which case only the uncommon meaning is given.

If you find a definition that is not helpful or think that there is a better one, we would appreciate hearing from you (acash@gsu.edu).

a lo menos at least [III]
abajar to lower [III]
abalanzarse to charge [I]
ablandar to soften [III]
aborrecer to hate [III], to detest [V]
abrazarse de to hold tightly [III]
abrigo protection [I]
abrir camino to open the way [III]
acabado ended [I], **— el mes** when the month ends [III], **— el ofrecer** when the offering was taken [II]
acaecer to happen [I]
acaecido: lo — what happened [V]
acemilero: con cargo de — as a muleteer [I]
aceña watermill [I]
acero blade [III]
acertar to succeed [III]
achacar to accuse [I]
achaque: en — de on the pretext of [I]
acoger to admit [I], **—se** to seek shelter [I]
acogida welcome [I]
acometer to attack [II]
acordar to decide, to resolve [I], to agree [II], to decree [III], **—se de** to decide [V]
acostumbrado the customary [I]

acreedores creditors [III]
acudir to come, to help [I]
acuerdo: bien vuelto en su — fully conscious [V]
acullá, de aquí — from then on [III]
adelante further on [I], **de allí** — from then on [III], **dende en** — from then on [I]
adestrar to guide [I]
adobar to repair [II]
adrede intentionally [I]
adverso: ser — to be against [III]
afilada pointed [I]
afirmar to steady [I]
afrentar to insult [V], **—se** to attack each other [V]
agradar to please [P]
aguamanos water (for washing the hands) [III]
agudo cutting [III]
águila eagle [I]
agujero hole [I]
agujeta leather string [II]
ahondar to investigate [P]
ahorrar de to be rid of [I]
aína quickly [I]
aire: papar — aimlessly [III]
ajena other [III], **costa**— another's expense [II]
al for a [V]
alabanza praise [P]
alabar to praise [III]
alargar to delay [V]
alcanzar to earn [III], to determine [III], to achieve, to catch [VII], **venir a** — to finally attain [VI]
aldaba: echar el — to bolt [III]
aldea de village near [I]
alfamar bedding [III], blanket [III]
algodón cotton [III]
alguacil bailiff [III]
algún tanto somewhat [II]
alguno at all [VII] — **destos** one of these [II]
alhajas de casa furnishings [III]
aliento desire [III]
allende desto in addition to this [I]
allí adelante: de — adelante from then on [III]
almonedas auctions [VII]
almodrote garlic sauce [III]
almorzar to breakfast [III]
alquilar to rent [III]
alteración upheaval [I], distress [III]
alterado disturbed [III]
alterar to anger [II], **—se** to get angry [I]
alto high, tall, **en lo** — at the top [II], **lo más** — the deepest [I]
alumbrar to enlighten [I]
alzar y llevar to carry off [III]
amargo bitter [I]
amasar to knead [III]
amenaza threat [I]
amicísimo very fond of [IV]
amo master [I]
andar con Dios good-bye [III]
andas litter [III]
angosto narrow [III]
ánima soul [P], — **viviente** no one [V]
animar to encourage [V]
antes rather [I]
aparejar to wait [I]
aparejo opportunity [I], tool [II], supply [III]
apretar to clench, to squeeze [I]
aprovechar to benefit [I], to help [V], **—se** to make use of [V]
aquejar to distress [III]
aquí here, **de — acullá** from then on [III], — **bajo** here below [III]
arañar to scratch [I]

arcaz chest [II]
argolla ring [I]
armada fleet of ships [I]
armar to set a trap [II]
armario cupboard [II]
armas: sayete de — knight's doublet [P]
arpar scratch [I]
arremeter to throw forward [I]
arrepentido sorry [VII]
arrimarse to rely [I], to press oneself against [III]
arroyo stream [I]
arte breeding [III]
artífice artisan [III]
artificio prank [I], trick [V]
asa handle [I]
asador spit [I]
asar to roast [I]
asentar to soften, to put [I], **— con** to enter the service of [III]
así que así a good idea [I]
asiento settled [I], situation [III]
asir to grab [I], to steal [II]
astuto clever [III]
atajar to cut off [VII]
atapar to cover [I], to close up [II]
atentar to touch [I]
atestar to stuff [III]
atrás que besides [V]
atrever to trust [II]
auditorio audience [V]
aun en esto me fue bien even here I got lucky [II]
avaricia greed [II]
avariento greedy [I]
avisar to alert [I], to sharpen [II]
aviso awareness [I]
avivar el ojo to keep an eye open [I]
ayuda aid [I]
ayudarse to help oneself [III]
ayuntamiento city government [III]
azogue quicksilver [II]
azotar to beat [I]
azote whip [VI], **—s** lashes [III]
bajo base [II], below [III]
balde: de — gratis, free [V]
barreno drill [II]
barrer to sweep [III]
bastar to not be able to [V]
bellaco rogue [III]
bendito holy [V]
berza cabbage [III]
bien indeed [III], good [V], **—es,** good points [III], **de —** honest [III], **haber por —** to consider good [VII], **hombre de —** respectable man [VI], **ir tan —** to go well [VI], **por —** willingly [V], **suceder tan —** to have things go very well [VII], **tener por —** to be willing [V], **tanto —** such wealth [II], **— vuelto en su acuerdo** fully conscious [V]
bienaventurado lucky [I]
birrete: — en su lugar the proper appearance [III]
blanca coin [I]
blanco white of the eye [V]
bocado bite [I]
bolsa purse [II]
bolsilla pouch [III]
bonetes bonnets [III]
bramar to roar [V]
brincar to bounce a child on one's knee [I]
brujo: el — de mi amo my fiendish master [II]
buen: en — romance plainly [VII]
buen vivir good way of life [VII]
buldero seller of indulgences [V]
burla prank, trick [I], **caer en la —** to

catch onto the trick [I]
burlar to play a joke [I], — **de** to play on [I]
caballeriza stable [I]
caballero noble [I], knight [III]
cabe near [I]
cabecera head of the bed [II], pillow [III]
caber to get [I]
cabeza de carnero mutton [II]
cabo side, tip [I], end, [II], place [III], **a — de** after [II], **al — de** at the end [I], — **de**, next to [III], — **del capuz** the edge of a cape [I]
cabrón goat[I]
caer to get caught [II], — **con** to find [II], — **en la burla** to catch onto [I], — **de mi estado** to faint [III], — **de su estado** to fall in his tracks [V], — **mucho en gracia** to please very much [V]
caída la trampilla del gato the trap sprung [II]
calabaza gourd [I]
calabazada blow to the head [I]
calderero tinker [II]
caldo broth [II]
calentarse to warm oneself [I]
calidad: desta — like this [III]
callado silent [I]
callar not to mention [III], — **la merienda** to eat quietly [III]
calle: una calle abajo down a street [III]
calofrío: tomar — to shudder [III]
calor: al — with the heat [I]
calzas trousers [III]
cámara room [II], **para en** — appropriate [III]
camarero valet [III]
camareta small room [III]
camino: abrir — to open the way [III]
cañas reeds [III]
canastillo basket [II]
candado lock [I]
cañizo reed framework [III]
cántaros large pitchers [VI]
cañuto reed [II]
capear to steal capes [III]
capellán chaplain [VI]
capuz cape [I]
carcomido worm-eaten [II]
cardenal bruise [I]
carecer to lack [I]
carga large quantity [VII]
cargado de luto dressed in mourning [III]
cargar to rest [I], to burden, to carry off [III], to swarm [V]
cargo job [I], **ser en más** — to owe more to [I], **con** — **de acemilero** as a muleteer [I]
carne meat [III], **libra de** — pound of flesh [III]
carnero: cabeza de — mutton [II]
casa monastery [I], **alhajas de** — furnishings [III], **solar de —s** manor [III]
casadas: mal — unhappily married [I]
casco head [II]
casta: de buena — pedigree [III]
castigar to punish [I]
catarse to expect [II]
caudal wealth [III]
cazar to catch [II]
cebada barley [I]
cebo bait [II]
cenar to eat dinner [II]
centenario 100 lashes [I]
centeno rye [I]
cera wax [I]
cercenar to cut [III]

cerrar to close, **la noche más cierra** it grows dark [I]
cesto basket [I]
cielo: juntársele el — con la tierra my world fell apart [III]
cierto: no por — surely not [P]
cinta belt [V]
clavazón nail work [II]
clavo nail [II]
cobardía cowardly [I]
cocido cooked [I]
coco bogeyman [I]
cofradía brotherhood meeting [II]
coger to harvest [I]
cogote neck [II]
colación dessert [V]
colchón mattress [III]
colodrillo nape of the neck [I]
color: tornar en su — to get one's color back [III]
comedir to be suitable [III], **—se** to offer, to be polite [III]
comer to eat [I], **guisar de** — to cook food [VII], **muchas salsas para** — to whet one's appetite [II], **—se** to eat up [I]
cómo what [I], — **así** how is that possible [III]
como vive as any who lives [VII]
compás bearing [III]
compasar to measure out [II]
con since [I], about [V], — **esto** for this reason [I], — **todo** however [III], **dar** —, to throw [V]
concha collection plate [II]
concheta collection plate [II]
conforme: quedar bien — to be in agreement [VII]
conciencia: reformar — to make restitution [III]
concierto agreement [I]
conde count [III]
congoja affliction [III]
conmarcanos the surrounding places [V]
consagrada: hostia — sacred host [VII]
conservas preserves [II]
consideración observation [I]
considerar to reflect [III]
consolar to console [II]
constituido: estar — to be destined [III]
contadero: tan por — such careful counting [I]
contado measured [III]
contaminar to harm secretly [I]
contar to realize [II], — **por** to suppose [III], — **su hacienda** to give an account of one's affairs [III]
contentar to satisfy [III]
contento liking [III]
contienda argument [III]
continencia dignity [II]
continente face [I], bearing [III], **hacer del** — to pretend to be a non-drinker [III]
contino continually [II]
continuado frequently [III]
contrahecho: muy al propio — very well done [II]
conveniente practical [II]
conversación intimate relations [I]
convidar to entice, to invite [III]
convite invitation [III]
copo tuft [III]
coraje rage [I]
coraza armor [II]
cornada goring (by a bull) [I]
coro: de — by heart [I]
correr to chase [VII], **a todo el más** —

to run as fast as [III]
corrida: de la — from a running start [I]
cortado: bien — carefully spoken [V]
corteza rind [II]
cosa, thing, **dejar — a vida** to leave anything alone [II], **maldita la otra** — nothing else but [II], nothing [III], **otra** — nothing else [I]
coscorrón slap [I]
cosecha: ser de — to be natural to [II]
cosed take [I]
coser to sew [I]
cosillas trifles [IV]
costa ajena another's expense [II]
costal bag of grain [I]
costoso expensive [II]
costumbre mannerism [III]
costura sewing [I], seam [II]
coxear to be up to [III]
coz kick, **coces** kicks [V]
credo: en dos — rapidly [II], **en un** — in a twinkling [III]
criado: ser bien — to be well mannered [III]
criatura baby [II]
crió = creó [I]
cuadrar to seem plausible [II]
cuán poco how little [P]
cuando other times [VII]
cuanto all [I], — **que** a little [II], **sino** — besides [III]
cuenta accounting [II], account, bead [III], **echar la** — to calculate [III], **hacer** — to keep an account [II], to do an accounting [III], **por** — counted [II], **tener por** — to keep an account [II]
cuerdamente cleverly [V]
cuerpo body [III]
cuidado: perder — to not worry [III], **tener** — to be careful [III]
cuitado miserable [II]
culebra snake [II]
culpado guilty one [III]
cumbre height [VII]
cumplidísimo very long [I]
cumpliendo el mes until the end of the month [III]
cumplir to comply or fulfill, to have to [I], to benefit [III]
cuna cradle [II]
cupo 3rd person sing. pret. of **caber**
curar to care [I]
dado al diablo angry [V]
dar to land [I], to strike the hour [III], to meet [V], to throw [V], — **al diablo** to curse [I], — **bien a entender** to reveal [I], — **con** to hit [I], to throw [V], — **consigo** to find oneself [I], — **de** to strike blows [V], — **en** to find [II], to hit [V] — **fe** to testify [II], — **fin** to finish [II], — **las manos llenas** to have one's hands full [V], — **lugar** to allow [I], — **saltos** to attack [II], — **tan gran golpe en el suelo** to hit the floor so hard [V], — **tropezón** to slip up [V], — **voces** to shout [III], — **vueltas** to turn [I]
de que since [I], as soon as, when [II]
debajo de locked in [II]
deber to owe [III], — **de** must [II], **debérsele** to one's credit [P]
decir to ask [I], **querer** — to mean [III]
defenderse to protect oneself [II]
dejar to put aside [V], — **cosa a vida** to leave anything alone [II], — **de** to stop [III], — **ir** not to go [III]
deleitar to delight [P]
demandar to beg [III]

demediar to supply [I], to help [II], to be half gone [III]
deméritos defects [I]
dende: a — inside [III], **— en adelante** from then on [I]
derecho fee, straight [III], **bien —** in the right spot [I], **más de su —** more than it ought to go [I]
derramar to scatter [III]
derretir to melt [I]
derribar to ruin, to throw [III]
desamar not to love [III]
desamparar to leave unguarded [I], to let go [II]
desaprovechado useless [II]
desastrado ill-fated [III]
desatentadamente unwisely [I]
desatinar to daze [I]
desayunarse to breakfast [III]
desbocado chipped mouth [III]
descalabrado: muy mal — with a severe head wound [II]
descalabrar to beat soundly over the head [I]
descanso rest [III]
descoser to unsew [I]
descubrir to reveal [I], to disclose [III]
descuidado carefree [I]
descuidar to trust [III], **—se** not to pay attention [I], to belittle [III], not to watch out [V]
desde after [III]
desdicha shortfall [I], misfortune [II]
desembarazado empty [III]
desembarazar to rid oneself [V]
desengañar to set right [V]
desenvolver to unfold [III]
desenvoltísimo very smooth [V]
desenvuelto bold [V]
desesperado damned [I]
desgranarse to fall apart [I]
desherrar to unshoe horses [I]
deshora: a — unexpectedly [II]
desistir to leave [II]
desmandarse to indulge [II], to go out [III]
desmayo fainting [I]
desmigajar to break off crumbs from [II]
desnudo poor man [I]
despachar to devour, to swallow [I]
despedir to sell [V]
despensa chest [II]
despertar to awaken [I]
despidiente farewell [I]
después after, since **— acá** since then [I], **— que** since [I]
desque after [III]
destajo: a — as a job [II]
desterrar to exile [I]
destiento sudden intrusion [I]
destilar to pour into [I]
desventurado miserable [III]
desvergonzado shameless [V]
deuda debt [III], **entregar de la —** to pay off a debt [III]
devolver to return [I]
devoto devout [V]
día day, **hoy —** nowadays [III], **luego otro —** the very next day [I]
diablo cursed [III], **dar al —** to curse [I], **dado al —** angry [V]
dicha fortune [II]
dicho aforementioned [II] word [VII], **— y hecho** word and deed [III], **—s malos** lies [V], **si a —** if perchance [II]
diestro skilled [II]
difunto dead person [III]
diligencia search [II], strategy [V], **por demás es —** one cannot avoid it [II]

diligente crafty [II]
Dios God, **de los de por** — from begging [III], **que de — lo habréis** God will reward you [I], **mejor lo hizo** — God was on my side [III], **tal te la dé** — May God grant you such (a life) [II]
directe ni indirecte directly or indirectly [V]
discantar to crack [I]
discípulo student [III]
discurrir to wander [III]
disimular to pretend [I], to pretend not to notice [II], to overlook [V]
disposición demeanor [III], **en** — ready [III]
divulgar to spread [V]
do where [II], where from [III]
doblar to fold [III]
doblez fold [III]
don Mister [II], — **Fulano** Mr. So and So [P], **—os** gentlemen [II]
donaire wit, witty remark, jokes [I]
donoso amusing [V]
dulzura sweet nothing [III]
durar to last [I]
durazno freestone peach [V]
duro miser [I]
echacuervo swindler [V]
echador seller [V]
echar to toss [I], to attribute, to put in [II], to lie down, to pour [III], to sell [VI], — **a mal** to discard [P], — **algo** to blame for something [I], — **el aldaba** to bolt [III], — **espumajos** to foam [V], — **la cuenta** to calculate [II], **—se** to go to bed, to throw oneself [V]
embargar to confiscate [III]
embargo attachment (of property) [III]
emplastar to bandage [II]
emplear to use [III], **bien se le emplea** he deserves it [V]
en during [VII], — **lo que a mi toca** as for me [V], — **veces** several times [VII]
encaminar to guide [IV], to lead [V], — **el paso** to direct one's step [III]
encender to increase [III], **—se** to fight [III]
encomendar to entrust [I], to urge [V]
endemoniar to be possessed [II]
endiablado devilish [I]
enfermar to make sick [I]
enfermo weak [III]
enhoramala: mucho — confound you [III]
enjalma mattress [III]
enjuto: lo más — the driest part [I]
enojo: perder el — to not be angry [V]
ensalmar to be a faith healer [II]
ensalzar to exalt [I]
ensangostarse to narrow[I]
ensayar to undertake [I]
ensayo deceit [V]
ensilado eaten [III]
entender to involve [I], **dar bien a** — to reveal [I], **no** — to not be involved [VII]
enternecido passionate [III]
entero whole [P]
enterrar to bury [P]
entonces at that time [II]
entrarse to get oneself [I]
entre mí to myself [I]
entrecuesto spine [III]
entregar de la deuda to pay off a debt [III]
errarse to err [II]
escalón step [VI]

escarbar to pick one's teeth [III], **— de** to growl with [II]
escobajo stem [I]
escribano scribe [III]
escudero squire [III]
escudillar to dish out [III]
esforzarse to grit one's teeth [I]
esgrimidor fencer [II]
espacio: de — slowly [III]
espantado frightened [V]
espantar to frighten [II], **—se** to become frightened [I]
espanto fear [III]
esperar to stay [VII]
espumajos: echar — to foam [V]
estada: venida y — coming and remaining [III]
estado: caer de — to faint [III], **caer en su** — to fall in his tracks [V]
estar to be [I], **— bueno el negocio** to be a fine deal [III], **— constituido** to be destined [III], **— de** to be about to [I], **— echado** to lie down [II], **— en pie** to be standing [III], **— hecho** to be fond [I], **— proveído** to have provisions [III], **— puesto** to be exposed to [II]
estéril de pan very poor harvest [III]
estilo: por — custom [III]
estirado very erect [III]
esto bien se sufre one can put up with this [II]
esto: con — for this reason [II], **en** — therefore [I], **sin** — aside from this [II], **sobre** — at this moment [V]
estorbar to hinder [II]
estotro another [III]
estrecho: en tal — so needy [II]
estruendo noise [V]
experiencia hope [III]
extenso: por — in detail [II]
fácilmente deftly [VII]
faisán pheasant [III]
falsario swindler [V]
falsopecto breast pocket [II]
falta the lack [II], **hacer** — to be missed [II]
fantasía conceit [III]
fardel sack [I]
fatiga suffering [III], hardship [V]
fatigarse to be concerned [III]
fe: a — que upon my word [II], **ninguna — daré** I cannot testify to [II]
feligrés parishioner [V]
fenecer to die, to end [I]
fenescer fenecer [II]
fiesta fun [I]
fin: dar — to finish [II]
finarse to die [I]
fingir to pretend [I]
flaco weak [II]
flaqueza weak [II], **sacar fuerza de** — to pluck up courage [III]
flojedad mean deed [I]
forma: de tal — so that [II]
fortuna misfortune [P]
fraile priest [IV]
fresco cool [III]
frío cold [I], **haber** — to be cold [I]
frisado frizzed [VI]
fructo benefit [P]
fuego: dar vueltas al — to turn over the fire [I]
fuerza: sacar — de flaqueza to pluck up courage [III]
fulano so and so [P]
fustán cotton cloth [VI]
gala tidbit [III]
galgo greyhound [III]
gallofero vagabond [III]
gana: tener — to feel like [III], **tener**

mala — to be unwilling [V]
ganancia income [I], profit [V]
ganar por la mano to anticipate doing [III]
garganta: de mejor — be a most moderate eater [III]
garrotazo cudgel blow [II]
garrote cudgel [II]
gastar to waste [II]
gente de servicio servants [III]
gentil genteel [V]
gesto gesture, face [I], **hacer visajes con el** — to grimace [V]
golosina greed [I]
golosinar: no hagáis sino — don't gorge yourself [II]
goloso greedy [I]
golpe: dar tan gran — en el suelo to hit the floor so hard [V]
gota drop [III]
gozoso happy [I]
gracia humor [I], manners [III], **caer mucho en** — to please very much [V]
gragea bonbon [II]
grande intense [III]
grosero crude [P]
grueso large [III]
guarda pattern of a key, place to store things [II]
guardarse to protect oneself [I]
guisar de comer to cook food [VII]
gulilla gullet [I]
gusano worm [II]
ha hace [III]
haber to exchange [V], — **de** to be supposed to [I], —**lo de Dios** to be rewarded by God [I], — **frío** to be cold [I], — **gana = tener gana** to feel like [III], — por bien to consider good [VII], — **temor** to be afraid [III], —**se aquí** to be here [II], —**se de ir para** to attack [II]
hábito guise, cassock [II], dress [III], **en** — dressed [VI]
hacer to fit [II], to use [V], to grant [VII], — **asiento** to settle [I], — **con dinero** to make money [III], — **cuenta** to do an accounting [III] — **cuenta de** to try to [III], —**del continente** to pretend to be a non-drinker [III], — **del dormido** to pretend to be asleep [II], — **falta** to be missed [II], — **maravillado** to pretend to be surprised [II], — **merced** to provide [III], — **molestias** to make trouble [V], — **peligrar** to do harm [II], — **perdido** to pretend to be lost [I], — **saltos** to attack [II], — **sinjusticia** to commit an injustice [I], — **sus menesteres** to go to the bathroom [III], — **visajes con el gesto** to grimace [V], —**se** to act like [V], —**sele vergüenza** to shame [III]
hacienda possessions [III], wealth [V] **contar su** — to give an account of one's affairs [III]
hados: quisieron mis — as fate would have it [II]
halda hem [III]
hallar to find [I]
hambre hunger [II], **transido de** — famished [II]
hambriento hungry [III]
hartar to fill up [II], to stuff oneself [III]
harto many [I], — **de** full from [III], — **más**, much more [V], — **poco remedio** very little relief [III], **tener — miedo de** to be very afraid of [II]

hartura plenty [II]
hazaña deed [I]
hecha pesquisa after investigation [I]
hecho fact [I], accustomed [II], — **trasgo** like a ghost [II], **estar** — to be fond of [I]
hecho: dicho y — word and deed [III]
helas here they are [III]
hendir to split [I], — **por medio** to cut through [III]
herir to hit [I]
herradura horseshoe [I]
herrero blacksmith [I]
hideputa rascal [I]
hierro iron [I]
hilandera weaver [III]
hocico nose [V]
holgar to be pleased [I], to satisfy [II], —**se con** to enjoy [P], —**se de** to enjoy [I], —**se mucho** to be very pleased [I]
hombre man, — **de bien** respectable man [VI], — **de justicia** bailiff [VII], —**s de bien** respectable people [III]
honra honor [III]
honradamente honorably [VI]
hora: propia — right time [III]
horca string [II]
hostia consagrada sacred host [VII]
hoy día nowadays [III]
hube tuve [II]
hubiste obtuviste [III]
hueco: lo — the hollow part [II]
huelgo breath [I]
huérfano orphan [I]
huerta garden [III]
huesecillo little bone [III]
hueso bone [III]
huirse to flee [III]
humero domed opening of the hearth [II]
hundir to sink [V]
hurtar to rob, steal [I]
iglesia mayor cathedral [III]
ignorar not to know [III]
imán: piedra — magnet [I]
importar to be important [III]
importunidades annoyances [I]
inclinar to cross [III]
industriado engineered [V]
industrioso tricky [V]
ingenio cleverness, mind, wit [I]
injuria insult [V]
insigne illustrious [III]
instituido versed [III]
intención reason [III]
invención trick [V]
ir to go, — **a la mano** to forbid [V], — **por** to go for [I], — **tan bien** to go well [VI], —**se bien** to be lucky [II]
jaez kind [III]
jamás ever, never [V]
jarrazo blow with a jug [I]
jarrillo jar, jug [I]
jerigonza jargon [I]
jubón vest [III]
jugar to play for [V]
juntarse to join together [I], —**le el cielo con la tierra** my world fell apart [III]
juramento oath [VII]
jurar to swear [I]
justar to joust [P]
justicia: hombre de — bailiff [VII]
labrar to construct [III]
lacerado wretch [II]
laceria pittance [I], miserliness [II]
lado side [I], shoulder [III]
lana wool [III]
lance turn [I]
lanzar to put [II], to cast out [V]

lanzas lance blows [P]
lanzón lance [V]
largo long, too long [V], **a — plazo** late [III]
lástima pity [III]
lastimado pitiful [I]
lavar to wash [I]
lavatorio washing [I]
lengua tongue [II], **malas —s** gossip [I]
leño firewood [I]
letanía litany [V]
levantar to bear [V], **—se** to rob [II]
liberalidad generous [I]
libra de carne pound of flesh [III]
librado: ser — to be compensated [III]
libre innocent [I], **por** — freedom [III]
licor liquid [I]
lienzo canvas [I]
limitado miserly [III]
limosnero charitable [I]
limpieza clean [III]
llagado wounded [II]
llave key [I], **tras la** — locked [II]
llegar to put [I], to show up [II], **—se** to touch [I]
llenas: dar las manos — to have one's hands full [V]
llevado given [P]
llevar to guide [I], — **de** to take from [II], to come [III], **llegar y** — to carry off [III], — **razón** to make sense [II], **según el contento de sí** — according to how contented he carries himself [III]
llorar to cry [II]
loar to praise [P]
lobo wolf [II]
lóbrego gloomy [III]
longaniza sausage [I]
luego immediately [I], — **otro día** the very next day [I]
lugar: dar — to allow [I]
lumbre fire [I]
luto: cargado de — dressed in mourning [III]
luz guide [II]
madre: males de — female problems [I]
maestro master [VI]
mal bad, evil [V], **echar a** — to discard [P], **por** — unwillingly [V]
malaventurado miserable [III]
maldad wickedness [V]
maldecirse to curse [I]
maldita la cosa nothing else but [II], nothing [III]
maldito not a single, cursed [I]
maleficio evil deed [II]
males de madre female problems [I]
malicia malice [V]
malilla jack of all trades [III]
malo ugly [I], heated [V], **dichos —s** lies [V]
malsinar to slander [III]
maltratado tossed about [I]
mamar to learn [III]
maña cunning [P], trick [I]
mañanica very early in the morning [III]
mancilla pity [III]
mandado: por — ordered [I]
mandamiento order [V]
mandar to order [III]
manera manner, way, **de — que** so that [V], **por — que** so that [III], — **provechosa** a profitable life [VII]
manga sleeve [III]
manifestarse to be revealed [I]
manjar food [III]
mano hand, **ganar por la** — to anticipate doing [III], **ir a la** — to

palos: a pedradas y a — with sticks and stones [VII]
pan: estéril de — very poor harvest [III]
panal of bread [II]
panderos drums [VI]
paño cloth, — **de manos** hand towel [III], —**s de pared** wall hangings [III]
papa Pope [II]
papar aire aimlessly [III]
par de close to [I], next to, even with [III]
para for, in order to, — **con** compared to [II], — **en cámara** appropriate [III]
paraíso paradise [II]
parar to end up [III], —**se** to stop, to wait [III]
pared wall [III]
pariente relative, relation [IV]
parir to give birth, deliver a child [I]
parte part, **no ser — para** not to be able to [V], **tanta — como** as much as [I]
partido broken [II], piece [II]
partir to leave, to divide [I], to share, to take [II], to take away [III]
parto birth [I], **tomarle el** — to give birth to [I]
pasado: el — the day before [II]
pasar to suffer [II], —**se como pudiere** to get along as you can [III], **muy pasado me pasaba** I just about got by [III]
pascuas holidays [VII]
pasión illness [I], Passion Week [V]
paso gait [III], — **contado** measured gait [III] **muy a tendido** — with a quick step [III] **sacarle de su** —to make someone change his ways [III]
paso softly [II], quietly [III]
pausadamente slowly [V]
paz: poner en — to calm down [V]
pecado sin [II]
pecador damned [I], sinner [III]
pecadorcico little sinner [III]
pechos chest [III]
pedradas: a — y a palos with sticks and stones [VII]
pegar to stick [III]
peinado coifed [III]
pelado skinned [I]
peligrar: hacer — to do harm [II]
pelillo humble assistant [III]
pena punishment, penalty, **poner** — to impose a penalty [I], **recibir mucha** — to be very hurt [V], **so — de** under penalty of [V]
pensado: lo traía pensado I had it planned [I]
pensar con to think about [II]
peor: aun lo — worse yet [II]
perder to lose, — **cuidado** to not worry [III], — **el enojo** to not be angry [V], —**se por** to be crazy about [P]
perdido: hacer — to pretend to be lost [I], — **por** fond of [IV]
perdonar to forgive [II]
perjuicio harm [I], harmful [V]
perjurar to swear [I]
persecución persecution [II]
persona service [III]
persuadir to persuade [V]
pesar to upset [III], to grieve [VII], — **de** to be bothered [I], —**se con** to dislike [I]
pesar: mal — damage [II]
pescuezo neck [I]
pesquisa: hecha — after investigation

[I]
pesquisar to investigate [III]
picar to pick [I]
pie foot, **a — enjuto** with dry feet [I], **al — de** almost [VII], **estar en —** to be standing [III], **mal —** unlucky [III], **en los —s** on foot [I]
piedra imán magnet [I]
piernas: tener en las — to stand up [II]
pieza de a dos doubloon [III]
pieza sword [III]
placer: plega to please, may it please [II], **pluguiera a Dios** would to God [I]
planto llanto crying [V]
plática: turbarse en la — to be tongue-tied [III]
plazo: a largo — late [III]
Plugiera a Dios Would to God [I]
pobreto poor man [I]
poco little, **en — de** about to [III], **lo — que** how little [III], **tener en —** to consider of little worth [P], to consider inferior [III]
podenco hound [I]
poder to be able, **— alcanzar** to determine [III], **— valerse** to take care of oneself [II]
poder possession [III]
poner to give, to make [III], **— a** to begin to [II], **— asco** to make ill [III], **— en costa** to cost [II], **— en paz** to calm down [V], **— la mesa** to set the table [III], **— pena** to impose a penalty [I], **— temor** to put fear into [III], **—se a** to begin [V]
por for the sake of [I], **— bien** willingly [V], **de los de — Dios** from begging [III], **— esa vía es** if it is true [III], **— estilo** custom [III], **— esto** about this [II], **— extenso** in detail [II], **— libre** freedom [III], **— mal** unvillingly [V], **— mandado**, ordered [I], **— manera que** so that [III], **mitad — medio** about half [I], **no — cierto** surely not [P], **perderse —** to be crazy about [P], **— suyo** in his service [VI], **— tanto** therefore [VII],**— ventura** perhaps [P], as luck would have it [III]
porfiar to be relentless [I]
porque so that [P], **para que** [I]
porquerón bailiff [III]
portal arcade [I], vestibule [V]
posada inn, lodging [I], house, dwelling [III]
posar to stay [I]
pospuesto laid aside [I]
postrero last [I], **— de la oración** last to pray [II]
postura agreement [I], position [II]
poyo stone bench [III]
preciado precious [II]
predicado preached [V]
predicador preacher [V]
predicar to preach [P]
pregón proclamation [III]
pregonar to announce publicly [VII]
pregonero town crier [VII]
preguntar por to ask about [III]
preñada pregnant [I]
prender to arrest [III]
presentado: el — student cleric [P]
presente: al — at that moment [I]
prestar to borrow [II]
presto quickly [I], well-tempered [III]
presunción pride [III]
principal important [V]
pringada dripping [I]

pringar to baste with hot lard, to drip [I]
privado valet [III]
privilegiado exempt [II]
probar to try [II], to taste [III], **—sele** to find guilty [I]
procurar to try to [I], to endeavor, to seek [VII]
prolijidad wordiness [III]
prolijo wordy [I]
prójimo neighbor [V]
prometer to promise [III]
pronóstico prediction [I]
propicio inclined [V]
propio very [III]
propósito plan [I], **mudar —** to change one's mind [I]
provecho advantageously [I], good [P]
provechosa: manera — a profitable life [VII]
proveer to tend [I], **—se en junto** to buy in quantities [III]
proveído: estar — to have provisions [III]
pueblo town [III]
puerta house [III]
puesto raised [V], **estar —** to be exposed to [II], **ser — en pie** to stand up [II]
puñadas punches [V]
punir to punish [III]
puntillo remark [III]
punto iota [III] **a —** ready [III], **un — ha de saber más** has to be one step ahead of [I]
puro sheer [II]
quasi casi almost [II]
qué nothing [III]
quebrar un ojo to put out one eye [I]
quedar to be [II], **— bien conforme** to be in agreement [VII], **—se** to remain [I]
querer to love [I], **— decir** to mean [III], **— mal** to hate [I], **quisiéredeis** you might wish [V], **quisieron mis hados** as fate would have [II]
quicio door jamb [III]
quienquiera anybody [III]
quijada jaw [II]
quitarse de to escape from [I]
quotidiana cotidiana daily [II]
rabiar de to be dying of [III]
racimo bunch [I]
ración: de — as a portion [II]
raído threadbare [III]
rascuñar to scratch [I]
raso smooth [III]
ratonado mouse-eaten, nibbled [II]
ratonera mousetrap [II]
rayar to cut off [II]
razón reason, **de —** surely [II], **llevar —** to make sense [II]
razonable decent [III]
razonamiento speech [V]
real coin [III]
rebanada slice of bread [I]
rebozado veiled [III]
recámara wardrobe [III]
recaudo: tan buen — so well guarded [II]
recelarse to fear [III]
recelo fear [II]
recibir to hire [II]: **— mucha pena** to be very hurt [V]
recio loud, strong, firmly [I]
reciamente firmly [V]
recordar to make someone regain consciousness [II]
reformar conciencia to make restitution [III]

regalar to treat kindly [I]
registrar to observe [II]
regla habit, rule [III]
regladamente moderately [III]
regocijo celebration [VII]
reírse entre sí to laugh to oneself [I]
remar to row [P]
remediar: el Señor lo remedie may God help him [III]
remedio: harto poco — very little relief [III]
remiendo patch [II]
renegar to curse [I], **— del trato** to resign the job [VII]
reñir to quarrel, to scold [III]
repelar to pull hair [I]
reposado calm [I]
reposo tool [II]
representarse to come to mind [III]
requesta prayer [II], conversation [III]
resoplido snort [II]
resoplo breath [II]
resonar to resound [V]
retener to retain [I]
retraídos people fleeing from justice [VII]
revolver to stir [III], **—se** to roll around [V]
rezar prayer [I]
rezumar to drain [I]
ribera bank [III], **— de** on the bank [I]
rico better [P]
rifar to quarrel [III]
risueño smiling, cheerful [III]
rodillas: de — kneeling [V]
rodillazos blows with the knee [I]
roer to gnaw [II]
rogar to beg [II]
roído gnawed [II]
romance vernacular [V], **en buen —** plainly [VII]
romper to cut [I], to wear out [IV]
ropa sheets [III]
rotura cut [I]
ruin wretched, vile [III]
ruindad wickedness [I]
ruinmente badly [P]
ruinoso rotten [I]
saber to know how [II], to taste [III], **— mal** to be harmful [I], **un punto ha de — más** to be one step ahead of [I]
sabor taste [III]
sacar to extract [I], **— de sentido** to knock senseless [I], **— fuerzas de flaqueza** to pluck up courage [III], **—le de su paso** to make one change one's ways [III]; **—lo entero** to take out whole [II]
sacudir to shake, shake off [III]
saeta de montero hunter's arrow [II]
sagacísimo very astute [I]
sagaz wise [I]
saledizo balcony [I]
salida departure [III]
salido protruding [III]
salir to arrive [P], to turn out to be [I], **— de sospecha** to clear up any doubt [III]
salsa appetite [III], **muchas —s para comer** much to whet my appetite [II]
saltos, dar — to attack [II], **hacer —** to attack [II]
salud health [I]
saludar to greet [III]
salvo except [II], **a —** safe [I], **a mi —** safely, to my advantage [I]
sanar to heal [I]
sangrar to bleed [I]
sangrías thefts [I]
sano cured [II]

santiguarse to make the sign of the cross on oneself [I]
sartal bunch of keys [II], string [III]
sayete de armas knight's doublet [P]
sayo clothes [II], coat [III]
sazón moment, time [I]
sed thirst [III]
seglares: negocios — worldly pursuits [IV]
según de yuso as earlier [II]
semblante face [III]: **buen —** pleasure [III]
señal omen, sign [III]
señaladamente obviously [V]
señalarse to show through [III], to reveal oneself [V]
senda for each [V]
seno chest [III], **—s** inside one's shirt [III]
señor master [II], **no era — de asirle** I was not able to steal [II]
sentido sense [II], **sacar de —** to knock senseless [I]
sentimiento scream [II]
sentir to smell [I], to hear, to notice, to sense [II], to understand [III]
sepultar to bury [I]
sepultura grave [II]
ser to be, **— adverso** to be against [III], **— bien criado**, to be well mannered [III], **— librado**, to be compensated [III], **no — nada** not to be serious [II], **no — parte para** not to be able to [V], **— puesto en pie** to stand up [II]
servicial helpful [VII]
servicio: gente de — servants [III]
servir de to serve as [III]
sesos brain [II]
si a dicha if perchance [II]
sí: tornar en — to regain consciousness [V]
silbo hiss [II]
silleta small chair [III]
simplemente naively [I]
sin without [P], **— esto** aside from this [II]
singular extraordinary [II], exquisite [III]
sinjusticia: hacer — to commit an injustice [I]
sino except [II], **— cuanto** besides [III]
sinsabores annoying things [I]
sisar to pilfer [I]
so under [III], **— pena de** under penalty of [V]
sobrar to be left over [II]
sobre on top of [I], hovering over [II], during [V], by, about [VII], **— esto** at this moment [V]
sobredicho aforementioned [I]
sobrenombre last name [I]
sobresaltado: el — de mi amo my jittery master [II]
sobresalto shocking surprise [II]
socorrer to help [I]
solar ground, soil [III], **— de casas** manor [III], **mal —** unlucky location [III]
soler to be accustomed to [I]
solícito diligently [II]
sonable sonorous [I]
sonar to make noise [II]
sonido sound [II]
soplar to dust off [III]
sospecha: salir de — to clear up any doubt [III]
sotileza deceit [I]
suceder tan bien to have things go very well [VII]
sudores toil [III]
suelo place [III], **dar tan gran golpe**

en el — to hit the floor so hard [V]
suelto glib [III], **a sueño** — soundly [II]
sueño, a — suelto soundly [II]
suerte, de — as a result [I]
suficiente accomplished [III]
sufrir: esto bien se sufre one can put up with this [II]
suplicar to beg [V]
suyo his, hers, yours, theirs, **de** — by nature [II], **por** — in his service [VI]
tabla board [II]
tablilla small piece of wood [II]
tachuela tack [II]
tajo chopping block [III]
tal y tal such and such [I]
talabarte swordbelt [III]
talla: de media — lesser [III]
tan por contadero such careful counting [I]
tañer a misa to ring the bells for mass [V]
tanta parte como as much as [I]
tanto so much, so many, **en** — in the meantime [III], **en — que** while [III], **por** — therefore [VII], **otro** — another [I], — **bien** such wealth [II]
tardanza tardiness [III]
tasa allotment [II], **no por** — sparingly [I]
teja tile [III]
temeroso fearful [V]
temor fear [III], **haber** — to be afraid [III], **poner** — to put fear [III]
templado moderate [II]
tendido: muy a — paso with a quick step [III]
tener to keep [III], to spend [II], to hold [V], — **cuidado,** to be careful [III], — **en las piernas** to stand up [II], — **en poco** to be considered of little worth [P], to consider inferior [III], — **en voluntad** to desire [I], — **harto miedo** to be very afraid of [II], — **mala gana** to be unwilling [V], — **mala medra** to no longer prosper [II], — **noticia** to notice [VII], — **por bien** to be willing [V], — **por cuenta** to keep an account [II], — **rezumando** I was draining [I], — **vecindad** to be a neighbor [III]
tentar to touch [I], to feel [II]
terciopelo velvet [III]
ternía tendría [II]
tesoro treasure [III]
testigo witness [III]
tiempo season [V], **a un** — all at once [I]
tiento staff, touch [I], **al** — on touching [I], by feeling, gropingly [II]
tierra: juntársele el cielo con la — my world fell apart [III]
tío old man [I], good man [II]
tirar to pull, to commit an injustice [I], to drag, to give [V]
tocante: al oficio — dealing with this position [VII]
tocar to pertain [III], to concern [VII], **en lo que a mi toca** as for me [V]
tocino bacon [II]
todo all, everything, **a — el más correr** to run as fast as [III], **de — en** — once and for all [I], completely [III], **del** — completely [II] — **con** — however [III]
tolondrón bump [I]
tomar to eat [II], to buy [V], — **calofrío** to shudder [III], — **le el**

parto to give birth [I], **— por** to begin [P], **—se a** to begin [VII]
topar con to encounter, to find [II], to bump into, to meet up with [III]
tope de toro charge of a bull [I]
torcer to twist [V]
tornar to return, **— a** to do again [I], **— en sí** to regain consciousness [V], **— en su color** to get one's color back [III]
torrezno slice of bacon [I]
tortilla piece [I]
trabajado laborious [III]
trabajo trouble [II], **—s** difficulties [III]
trabajoso cruel [II]
trabar to hold [III]
tractase tratase [I]
traer to attract [I], **— pensado** to have planned [I]
trago swig [I]
trampilla del gato trap [II]
transido de hambre famished [II]
transportado rapt [V]
trapo cloth, clothes [II]
tras la llave locked [II]
trasgo: hecho — like a ghost [II]
trasponer to pass down [III]
trastornar to turn every which way [II]
trato dealings [III], **renegar del —** to resign the job [VII]
travesar to cross [I]
trebejar to play [I]
trecho distance [III]
trepa beating [I]
tripas tripe [III]
tripería meat market [III]
triunfar to enjoy [II]
trocar to change [III]
trompa beak [I]
troncho piece [III]
tropezón: dar — to slip up [V]
trote comings and goings [IV], **de un —** at a trot [I]
trueco trick [I], **con el —** not to return [III]
truhán jester [P]
trujo trajo [II]
turbarse en la plática to be tongue-tied [III]
ufano proud [III]
una: a — at the same time [III]
ungüento ointment [II]
unos the same [P]
uña fingernail [II], paw [III], **— de vaca** cow hoof [III]
usar to do [VI], **— consigo más** to be more charitable to oneself [II], **— una liberalidad** to be generous with [I]
vaca: uña de — cow hoof [III]
vaina scabbard [III]
valer to help [I], to be worth [III], to protect [V], **—se por** to look out for [I]
valeroso worthy [III]
valladar wall [I]
vara staff of office [V]
vasija pitcher [III]
vecindad: tener — to be a neighbor [III]
vejez old age [VII]
vendimiador vintner [I]
venida y estada coming and remaining [III]
venidero imminent [III]
venir to become [II], **— a alcanzar** to finally attain [VI], **de pura hambre me venía** caused by my hunger [II]
ventura luck, fortune, **de buena**

—fortunate [II], **por** — perhaps [P], as luck would have it [III]
ver: a mi — in my opinion [V]
verano summer [III]
verdadero true [I]
verdiñal green [V]
vergüenza: hacérsele de — to shame someone [III]
vestido: con razonable — decently dressed [III]
vestir to dress [III]
vez time, **en veces** several times [VII], **las más veces** most of the time [I]
vezado accustomed [II]
vía: por esa — es if it is true [III]
vía veía [I]
vianda meal, food [III]
viejo used [VI]
villano peasant [III]
visaje grimace [I], **hacer — con el gesto** to grimace [V]
vista eyesight [II], appearance [III]
viuda widow [I]
vivienda way of life [III]
vivir: el — life [II], **buen** —, good way of life [VII], **como vive** as any who lives [VII]
viviente: anima — no one [V]
voces shouts [V], **dar** — to shout [III]
voluntad: tener en — to desire [I]
volver to return [V]
volviendo y revolviendo turning over [II]
votar to swear [III]
vuelta turn [I], return [III], **—s al fuego** to turn over the fire [I]
vuelto: bien — en su acuerdo fully conscious [V]
yuso: según de — as earlier [II]
zapato shoe [IV]
zozobra trouble [III]

Selected Bibliography

PRIMARY SOURCES

Lazarillo de Tormes. Ed. Francisco Rico. Barcelona: Planeta, 1967.

Lazarillo de Tormes and El Abencerraje. Ed. Claudio Guillén. New York: Dell, 1966.

La vida de Lazarillo de Tormes y de sus fortunas y adversidades. Ed. Everett W. Hesse and Harry F. Williams. Madison: University of Wisconsin Press, 1948.

La vida de Lazarillo de Tormes y de sus fortunas y adversidades. Ed. Alberto Blecua. Madrid: Castalia, 1974.

SECONDARY SOURCES

Abrams, Fred. "A Note on the Mercedarian Friar in the *Lazarillo de Tormes*." *Romance Notes* 11 (1969): 444-46.

Alonso, Dámaso. "El realismo psicológico en el *Lazarillo de Tormes*." in *De los siglos oscuros al de Oro*. Madrid: Gredos, 1958.

Bataillon, Marcel. *El sentido del Lazarillo de Tormes*. Paris: Librairie des Éditions Espagnoles, 1954.

———. *Novedad y fecundidad del Lazarillo de Tormes*. 2nd ed. Salamanca: Anaya, 1973.

Bjornson, Richard. *The Picaresque Hero in European Fiction*. Madison: University of Wisconsin Press, 1977.

Cañas Murillo, Jesús. "Un Lazarillo de Medina del Campo: Peculiaridades y variantes de una edición desconocida de 1554." *Anuario de Estudios Filológicos*, 19 (1996), 91-134.

Carey, Douglas M. "Asides and Interiority in *Lazarillo de Tormes*: A Study in Psychological Realism." *Studies in Psychology* 66 (1969): 119-34.

Concha, Víctor G. de la. *Nueva lectura del "Lazarillo."* Madrid: Castalia, 1981.

Deyermond, Alan D. *"Lazarillo de Tormes": A Critical Guide*. London: Grant and Cutler, 1975.

Dunn, Peter N. *The Spanish Picaresque Novel*. Boston: Twayne Publishers, 1979.

Durand, Frank. "The Author and Lázaro: Levels of Comic Meaning." *Bulletin of Hispanic Studies* 45 (1968): 89-101.

Fiore, Robert L. *Lazarillo de Tormes*. Boston: Twayne Publishers, 1984.

———. "*Lazarillo de Tormes*: estructura narrativa de una novela picaresca." in *La picaresca: Orígenes, textos y estructuras*, ed. Manuel Criado de Val. Madrid: Fundación Universitaria Española, 1979. 359-66.

Guillén, Claudio. "La disposición temporal del *Lazarillo de Tormes*." *Hispanic Review* 25 (1957): 264-79.

Herrero, Javier. "Renaissance Poverty and Lazarillo's Family: The Birth of the Picaresque Genre." *PMLA* 94 (1979): 876-86.

Hesse, Everett W. "The *Lazarillo de Tormes* and the Playing of a Role." *Kentucky Romance Quarterly* 22 (1975): 61-76.

Lázaro Carreter, Fernando. "Construcción y sentido de '*Lazarillo de Tormes*'." *Ábaco: Estudios sobre literatura española* 1 (1969): 45-134.

———. *"Lazarillo de Tormes" en la picaresca.* Barcelona: Ariel, 1972.

Lida de Malkiel, María Rosa. "Función del cuento popular en el *Lazarillo de Tormes.*" in *Actas del I Congreso Internacional de Hispanistas.* Oxford: Dolphin: 1964: 349-59.

Mancing, Howard. "The Deceptiveness of *Lazarillo de Tormes.*" *PMLA* 90 (1975): 426-32.

Morreale, Margherita. "Reflejos de la vida española en el *Lazarillo.*" *Clavileño* 5.30 (1954): 28-31.

Morris, C.B. "Lázaro and the Squire: *Hombres de bien.*" *Bulletin of Hispanic Studies* 41 (1964): 238-41.

Parker, Alexander A. *Literature and the Delinquent: The Picaresque Novel in Spain and Europe 1599-1753.* Edinburgh: Edinburgh University Press, 1967.

Rico, Francisco. "En torno al texto crítico del *Lazarillo de Tormes.*" *Hispanic Review* 38 (1970): 404-19.

———. *La novela picaresca y el punto de vista.* Barcelona: Seix Barral, 1970.

———. "Problemas del *Lazarillo.*" *Boletín de la Real Academia Española* 96 (1966): 277-96.

Shipley, George A. "The Critic as Witness for the Prosecution: Resting the Case against Lázaro de Tormes." in *Creation and Re-Creation: Experiments in Literary Form in Early Modern Spain.* Newark, Del.: Juan de la Cuesta, 1983.

Suárez-Galbán, Eugenio. "Caracterización literaria e ideología social en el *Lazarillo de Tormes.*" in *La picaresca: Orígenes, textos y estructuras.* Ed. Manuel Criado de Val. Madrid: Fundación Universitaria Española, 1979. 469-77.

Tarr, F. Courtney. "Literary and Artistic Unity in the *Lazarillo de Tormes.*" *PMLA* 24 (1927): 404-21.

Truman, R. W. "Parody and Irony in the Self-Portrayal of Lázaro de Tormes." *Modern Language Review* 63 (1968): 600-605.

Wardropper, Bruce W. "El trastorno de la moral en el *Lazarillo.*" *Nueva revista de filología hispánica* 15 (1961): 441-47.

Wicks, Ulrich. "The Nature of Picaresque Narrative: A Modal Approach." *PMLA* 89 (1974): 240-49.

Willis, Raymond S. "Lazarillo and the Pardoner: The Artistic Necessity of the Fifth *Tractado.*" *Hispanic Review* 27 (1959): 267-79.

Woods, M. J. "Pitfalls for the Moralizer in *Lazarillo de Tormes.*" *Modern Language Review* 74 (1979): 590-98.

Woodward, L. J. "Author-Reader Relationship in the *Lazarillo del* [*sic*]*Tormes.*" *Forum for Modern Language Studies* 1 (1965): 45-53.

CPSIA information can be obtained
at www.ICGtesting.com
Printed in the USA
BVHW050442070323
659617BV00003B/9

9 781589 770027